Headhunter & Co.

Hesse/Schrader

Headhunter & Co.

Wie Sie mit Personalvermittlern
den Karrieresprung schaffen

 Eichborn.

Die Autoren
Jürgen Hesse, Jahrgang 1951, ist Diplompsychologe im *Büro für Berufsstrategie* und Geschäftsführer der Telefonseelsorge Berlin.
Hans Christian Schrader, Jahrgang 1952, ist Diplompsychologe im Klinikum Am Urban in Berlin.

Anschrift der Autoren
Büro für Berufsstrategie
Hesse/Schrader
Oranienburger Straße 4-5
10178 Berlin
Tel. 030 / 28 88 57 – 0
Fax 030 / 28 88 57 – 36
www.berufsstrategie.de

Die Autoren danken Peter Weill und Jörg Modersohn für die Unterstützung bei Recherche und Interview.

1 2 3 4   04 03 02

© Eichborn AG, Frankfurt am Main, November 2002
Umschlaggestaltung: Christina Hucke
Lektorat: Beate Weih
Gesamtproduktion: Fuldaer Verlagsagentur, Fulda
ISBN 3-8218-3825-6

Verlagsverzeichnis schickt gern:
Eichborn Verlag, Kaiserstraße 66, D-60329 Frankfurt/Main
www.eichborn.de

INHALT

9	**Fast Reader:** **Orientierung für eilige Leserinnen und Leser**
9	Die Zeiten sind schlecht, die Chancen sind gut
11	**Entscheidungen treffen**
12	Personalauswahl oder: Warum es so schwierig ist, gute Mitarbeiter zu finden
21	Personalentscheidungen oder: Zwischen der Angst vor dem Risiko und dem Mut der Verzweiflung
25	**Die Branche**
25	Von Headhuntern, Executive Search Consultants und Personalberatern oder: Kleiner Wegweiser durch den Dschungel der Berufsbezeichnungen
28	Keiner will's gewesen sein oder: Wann Headhunter eingesetzt werden
29	Der rechtliche Rahmen oder: »Jagdsaison wieder eröffnet«
31	Der Markt oder: Kleine Haie und dicke Fische
33	Die Verbände oder: Statuten, Zahlen und Sorgen
37	Die Auftraggeber oder: Die Old Economy hat die Nase vorn

38	Die Kandidaten oder: »Kampf der Talente« statt »Kampf um Talente«
40	Das Angebot oder: Der Angestellte als Superstar
41	Das Zielobjekt oder: Der Kandidat im Netz

43	**Ihr Nutzen**
43	Veränderungen und Tendenzen der Branche oder: Wie Sie professionelle Headhunter für Ihre Karriere nutzen
47	Die Datenbanken oder: Wer findet wen?
48	Die Methoden oder: So funktioniert die Jagd nach Talenten
57	Die Direktansprache oder: So (re)agieren Sie souverän(er)
62	Rufen Sie den Headhunter an! oder: Umgekehrt funktioniert's auch
64	Besser bunter Hund als graue Maus oder: So fallen Sie dem Headhunter auf
67	Wenn Personalberatungsunternehmen Anzeigen schalten oder: So bewerben Sie sich richtig
71	Neue Tendenzen oder: Die etwas anderen Headhunter
72	Die Regeln oder: Die Dos und Don'ts

77	**Praxisberichte:** **Stimmungen, Meinungen, Erfahrungen**
77	Headhunter erzählen oder: Wenn der Postmann zweimal klingelt

93	Kandidaten erzählen oder: Wie man sein Selbstbewusstsein stärkt
102	Personalverantwortliche erzählen oder: Wie arbeitet man mit Jägern zusammen und hält Wilderer ab
110	Portraits der zwei bekanntesten Headhunter Deutschlands oder: Keulen, Keilen und Platzieren
119	**Karriere-Essentials – Hintergrund-Wissen für Ihren Erfolg**
120	Ausgangspunkt: Mentale Einstimmung
125	Das suchende Unternehmen: Zwischen Wunscherfüllung und Anforderungsprofil
129	Anforderungsprofil Soft Skills
144	Lernziel: Kommunikationstransfer – Ihre optimale Selbstdarstellung
150	Überblick: Das Auswahlgespräch
163	**Was Sie noch wissen sollten**
165	**Anmerkungen**
169	**Serviceteil: Adressen ausgewählter Personalberatungsunternehmen (»Headhunter«), Berufsverbände und Zeitarbeitsfirmen**

FAST READER – ORIENTIERUNG FÜR EILIGE LESERINNEN UND LESER

Die Zeiten sind schlecht, die Chancen sind gut

Nur gut zu sein reicht heutzutage nicht mehr aus. Wer beruflich weiter kommen will, braucht Spezial-Know-how, um seine Karriere wirklich voranzubringen. Warten Sie nicht geduldig ab, bis man Sie »entdeckt« oder Sie die Mitte Vierzig überschritten haben.

Im Berufsleben zählt Effektivität. Machen Sie deshalb mehr aus Ihrem Wissen und Können. Lernen Sie in diesem Buch, wer in welcher Weise für Sie Karriereweichen stellen kann und wie Sie selbst diese Weichensteller zu Ihren Gunsten nutzen können.

Dieses Buch vermittelt Ihnen einen tiefen Einblick in die Entscheidungsvorgänge bei der professionellen Personalrekrutierung und erklärt Ihnen, wie externe Personalberater und Personalabteilungen der Unternehmen vorgehen. Es zeigt Ihnen, wie Sie aktiv diese Prozesse zu Ihrem Vorteil steuern können, um Ihre Karrierechancen optimal wahrzunehmen.

Sie lernen
- das Ködern von Headhuntern und den Umgang mit Personalentscheidern (S. 64ff.),
- alle Tricks zur Kontaktanbahnung, Gesprächsführung und Verhandlungsstrategie (S. 62ff.)
- und was Sie besser tun und was Sie lassen sollten (S. 72ff.).

Sie erfahren
- wie und warum Entscheidungsprozesse so ablaufen (S. 15ff.),

- wer was und wie viel in der Headhunterbranche macht (S. 31ff.)
- und wie Sie sich verhalten müssen, um Ihr Ziel zu erreichen (S. 80f., 85ff.).

Sie bekommen
- tiefe Einblicke und wertvolle Tipps (S. 40ff., 77ff.),
- Erfahrungsberichte aus der Praxis der Beteiligten (S. 77ff.),
- was in den Köpfen und hinter der Bühne geschieht (S. 110ff.)
- und das berufsunabhängige Know-how, das Ihre Karriere befördert (S. 119ff.).

ENTSCHEIDUNGEN TREFFEN

Zu den besonderen Herausforderungen des Lebens (im Privat- wie im Berufsleben) gehört es, Entscheidungen zu treffen, und zwar die richtigen im richtigen Moment. Sicherlich wird dies niemandem immer optimal gelingen. Und so tröstet uns ein Bonmot (übrigens aus der Geschäftswelt), das besagt: In normalen Zeiten ist es durchaus ausreichend, in lediglich 50 Prozent der Fälle die richtige Entscheidung zu treffen. In krisenhaften Zeiten ist jedoch eine höhere Trefferquote unbedingt erforderlich.

Eine Entscheidung zu treffen ist eine an sich einfache Sache, die aber bei näherer Betrachtung jede Menge Probleme aufwerfen kann. So stellen sich insbesondere im zwischenmenschlichen Bereich Entscheidungen für oder gegen eine Person als eine nicht zu unterschätzende Klippe dar, die mit allerlei Pein und Ungemach verbunden ist. Eine Entscheidung fällt nicht nur schwer: Sie beinhaltet auch immer die Gefahr der Fehlentscheidung. Und wer macht schon gerne Fehler. Vor allem solche, die man sich eigentlich selbst ankreiden müsste, bei denen man sich selbst und anderen klar eingestehen muss: Da habe ich mich falsch entschieden und einen Fehler gemacht. Denn wir tendieren dazu, einen Schuldigen zu suchen und zu finden. Bitter, wenn wir es dann selbst sind und kein Verdrängungsmechanismus uns vor dieser Selbsterkenntnis bewahrt.

»Drum prüfe, wer sich ewig bindet!«, lautet die Empfehlung für den privaten Bereich. Auch wenn die Entscheidung für die Einstellung eines neuen Mitarbeiters etwas anderes ist als die Entscheidung zu einer Eheschließung: Es gibt doch einige Parallelen, die diesen Vergleich erlauben und uns dabei helfen können, den Hintergrund zu erhellen.

Und noch etwas hilft, Entscheidungsprozesse zu verdeutlichen: Wir neigen alle mehr oder weniger dazu, in einer schwierigen Lage unsere Wünsche und Hoffnungen auf eine bessere Zukunft zu projizieren. Im religiösen Bereich ist es ein Heilsbringer und Erlöser, im Privatleben hofft man auf den nächsten Partner, mit dem oder der alles besser klappt.

Im Geschäftsleben finden wir nicht selten eine ganz ähnliche Haltung. Der neue Mitarbeiter, den man sich wünscht, soll zaubern können; er wird schon aufgrund seiner überragenden Kompetenz das Projekt sicher retten etc. Parallel dazu existiert nicht selten eine Idealisierung eines Menschen, beispielsweise eines Berufsvertreters, der jedoch leider bei der Konkurrenz arbeitet. Dies dient dazu, aufzeigen zu können, dass es ja durchaus Mitarbeiter mit diesen »Wunderfähigkeiten« gibt, und erweckt den Wunsch, wenn nicht schon diese spezielle Person, dann doch einen möglichst gleichwertigen Mitarbeiter einstellen zu wollen.

Sie kennen dieses Phänomen: Die Birnen in Nachbars Garten leuchten nicht nur heller, sie schmecken auch noch süßer. Dies meint man zu wissen oder ahnt es auch nur – und schon will man sie schnell haben. Der Jagdtrieb – vielleicht sogar die Gier – ist geweckt, und wenn sich diesbezügliche Wünsche nicht realisieren lassen, möglicherweise auch der Neid.

Personalauswahl
oder: Warum es so schwierig ist, gute Mitarbeiter zu finden

»Unsere Mitarbeiter sind unser wichtigstes Kapital«, konnte man bis vor kurzem häufig in den Geschäftsberichten und Hochglanz-Selbstdarstellungsbroschüren großer wie kleinerer Unternehmen lesen. Dafür gibt es den bezeichnenden Fachausdruck: Human Capital. Seitdem jedoch in immer neuen Wellen Mitarbeiter entlassen werden, sogar Führungskräfte aller Ebenen nicht mehr vor dem plötzlichen Personalabbau sicher sind, argumentiert die Unternehmenskommunikation etwas zurückhaltender, deutlich vorsichtiger. Trotzdem war und ist diese Aussage nicht falsch. Die Mitarbeiter sind – und waren zu allen Zeiten – ein absolut wichtiger Faktor in der Arbeitswelt, denn neben dem Kunden, Auftraggeber bzw. Käufer auf der einen Seite sind es die Unternehmensführer und deren Mitarbeiter auf der anderen Seite, die ein wie auch immer geartetes Geschäft erst ermöglichen.

Und ebenso wie der Hersteller einer Ware oder der Anbieter einer Dienstleistung stets bemüht ist, den Produktions- bzw. Ablaufprozess zu optimieren, die Qualität zu steigern und die Kosten möglichst zu senken, gibt es bei Unternehmensinhabern wie Personalabteilungen den verständlichen Wunsch, dies alles mit einer Mannschaft von bestqualifizierten und hoch motivierten Mitarbeitern zu bewerkstelligen. Davon – das ist Ihnen längst klar – hängt zu einem sehr großen Teil ab, ob das unternehmerische Ziel, profitabel zu arbeiten und Gewinne zu erwirtschaften, realisiert werden kann.

Um nun dieses Ziel zu erreichen, um zu einer Top-Mannschaft von ganz exzellenten Mitarbeitern zu kommen, ist als erste, quasi als Eintrittsbedingung, eine sorgfältige Auswahl der neu einzustellenden Mitarbeiter aller Ebenen notwendig. In einem größeren Unternehmen ist dafür vor allem die Personalabteilung zuständig. Bei kleineren Betrieben übernimmt diese Aufgabe in der Regel der Inhaber persönlich, teilweise zusammen mit dem in der Hierarchie am höchsten stehenden Angestellten.

Nun ist die Auswahl geeigneter Mitarbeiter ein wichtiger und zugleich schwieriger Prozess. Wer hier ein »geschicktes Händchen« unter Beweis stellen kann, bestimmt nachhaltig die Geschicke des Unternehmens. Nicht dass es nur allein auf die Einstellung guter Mitarbeiter ankommen würde; nein, auch ihr weiterer Werdegang im Unternehmen, ihr Einsatz und ihre Führung sind ganz sicher von eminenter Wichtigkeit. Wir möchten uns in diesem Buch jedoch hauptsächlich auf den Punkt der Anwerbung und Auswahlentscheidung konzentrieren. In der Fachsprache heißt dies: Personal-Rekrutierung. Ein Wort, das uns die unübersehbaren Parallelen zur Welt des Militärs verdeutlicht.

»Haben Sie einen Moment Zeit?«

Ihr Telefon am Arbeitsplatz klingelt. Sie melden sich wie gewohnt mit »Schmidt«. Die Stimme am anderen Ende fragt höflich nach: »Spreche ich mit Herrn Frank Schmidt?« Sie bejahen. Die Stimme stellt sich vor: »Guten Tag, Herr Schmidt, mein Name ist Hett Hanter. Ich bitte um Entschuldigung, wenn ich störe. Haben Sie einen Moment Zeit? Man hat mir gesagt, Sie könnten mir weiterhelfen, Sie würden jemanden kennen, der für eine Aufgabe, die so und so ist, in Frage kommt. Vielleicht wollen Sie noch ein bisschen mehr wissen oder darüber nachdenken, vielleicht passt es Ihnen auch besser, wenn ich Sie zu Hause anrufe, sagen wir heute Abend ...«

Sie machen sich jetzt Gedanken. Wer von Ihren Bekannten oder Kollegen wäre der geeignete Kandidat für die geschilderte Aufgabe? Der Meyer, die Müller, der Schulze? Sie gehen Ihr Adressenverzeichnis im Geiste durch.

Am Abend ruft dieser Mensch, wie angekündigt, bei Ihnen zu Hause an. Leider wissen Sie nicht, wie Sie dem netten Herrn Hett Hanter helfen sollen ... Sie Schlafmütze: Ihre Lottozahlen sind gezogen worden, und Sie haben vergessen, den Schein abzugeben!

Ob Herr Hanter nun Einzelkämpfer oder Executive Search Consultant in einer Personalberatungsfirma ist, egal: Es geht darum, dass jemand weiß, wo Ihr Wissen und Ihre Kenntnisse Gewinn bringend an den Mann oder die Frau gebracht werden können. Das bedeutet für Sie: Dieser Mensch weiß auch, wo Sie vielleicht zukünftig einen interessanteren oder einen besser bezahlten Arbeitsplatz besetzen könnten ...

Die Vorgehensweise von Headhuntern unterscheidet sich von dem üblichen Such- und Finde-Spiel per Anzeige (ähnlich den Kontakt- und Heiratsannoncen). Hier dominiert die Direktansprache, die persönliche »Anmache« und auch die »Verführung« zum »Fremdgehen«, das heißt die mehr oder weniger verblümt vorgetragene Aufforderung, seine Brötchen woanders zu verdienen.

Experten schätzen, dass in der Wirtschaft bereits mehr als 30 000 Positionen pro Jahr (Tendenz steigend) mit Hilfe solcher professioneller Unterstützung besetzt werden. Während 1980 noch 80 Prozent aller Führungspositionen durch Suchauftrag per Anzeige in den großen Tageszeitungen besetzt wurden, sind es heute kaum noch 20 Prozent (Tendenz weiter abnehmend). Immer häufiger werden potenzielle Kandidaten von Headhuntern gezielt angesprochen und auf ihre Wechselbereitschaft abgeklopft. Warum nun gibt es diese Entwicklung?

Ablauf einer herkömmlichen Personalrekrutierung

Um Ihnen zu verdeutlichen, was auf Unternehmensseite geschehen muss, welche Schwierigkeiten Personalverantwortliche haben, wenn es um die Besetzung einer etwas verantwortungsvolleren Position geht, spielen wir das nachfolgende Fallbeispiel durch.

Suche nach einem Geschäftsführungsassistenten

Stellen Sie sich vor, Sie leiten als einer von zwei Geschäftsführern (Sie sind der kaufmännische, es gibt noch einen technischen Geschäftsführer) einen mittelständischen Betrieb mit insgesamt 100 Mitarbeitern und suchen einen kompetenten Geschäftsführungsassistenten oder eine -assistentin. Sie wünschen sich eine Art rechte Hand, die Ihnen viele Dinge abnehmen und so manches erleichtern soll, zukünftig Ihr Stellvertreter werden könnte und absehbar natürlich Prokura bekommen wird. Diese Position ist mit einem Jahresbruttoeinkommen von 50 000 Euro budgetiert, eine ordentliche Summe (Sie selbst verdienen nur etwas mehr als das Doppelte), für die Sie auch etwas verlangen.
Ihre langjährige Sekretärin und die Leiterin Finanzen (hier werden auch die Personalangelegenheiten mitbetreut) sowie Ihr erfolgreicher Vertriebsleiter und Ihr Kollege, der technische Geschäftsführer, haben bei der Auswahl des Personals ein Wörtchen mitzureden. Alle haben auch an der Anzeige (35 x 60 mm Stellenangebot in der Wochenendausgabe Ihrer regionalen Zeitung) mitgestrickt.

Die Flut der Bewerbungen

Am Montagmorgen rufen die ersten zwei Kandidaten an und erkundigen sich nach Einzelheiten des Aufgabenbereiches. Ihre Sekretärin versucht, die Fragen zunächst selbst zu beantworten, verbindet die Anrufer dann jedoch direkt mit Ihnen. Beide Gespräche kosten Sie jeweils etwa 15 Minuten Zeit.

Am Nachmittag abermals diese Telefonsituation plus einem unerwarteten Überraschungsbesucher, der seine Bewerbungsunterlagen persönlich abgeben möchte. Sie sind nicht in Ihrem Büro, Ihre Sekretärin nimmt die Unterlagen entgegen. Ein kleines Gespräch entsteht. Der Überbringer sei übrigens nicht unsympathisch, befindet Ihre Sekretärin.

Der Postbote bringt am Dienstagmorgen 20 DIN-A4-Umschläge. Auch weitere Telefonate sind an diesem Tag zu der ausgeschriebenen Position entgegenzunehmen. Der nächste Tag bringt weitere 44 Bewerbungsmappen. Kurzum: Nach einer Woche stapeln sich in Ihrem Büro 156 Bewerbungsunterlagen hoffnungsfroher Kandidatinnen und Kandidaten, die sich Ihnen mehr oder weniger geschickt anbieten. In dieser ersten Woche brachten noch zwei weitere Bewerber ihre Unterlagen persönlich vorbei, und insgesamt erfolgten zu der von Ihnen aufgegebenen Anzeige in den ersten fünf Tagen zwölf Anrufe.

Nach zwei Wochen haben Sie sich mit 217 Kandidaten und deren Unterlagen auseinander zu setzen und täglich rufen einige Bewerber an, die sich höflich erkundigen, wie weit der Auswahlprozess gediehen sei, und die eine Art Zwischenbescheid vermissen.

Während Sie sich die ersten fünf eingegangenen Bewerbungsunterlagen noch mit einer gewissen Spannung angesehen haben, erfordern die täglichen Geschäfte Ihre volle Konzentration auf Ihren Berufsalltag. Mit der Zeit spüren Sie eine immer größere Unlust, sich den Bergen von Bewerbungsunterlagen intensiver zu widmen. Sie tun es natürlich doch, schließlich suchen Sie ja wirklich Unterstützung. Sie brauchen mittlerweile durchschnittlich etwa sechs Minuten, um sich sicher gegen eine Weiterverfolgung eines Kandidatenangebotes zu entscheiden.

Sie ahnen, was wir Ihnen mit unseren Ausführungen vermitteln wollen: Die Bearbeitung einiger Hundert Bewerbungsunterlagen ist in der Regel kein Zuckerschlecken, und der erste Auswahlprozess erfordert eine stunden- wenn nicht sogar tagelange hochkonzentrierte Sortierarbeit, um die am geeignetsten erscheinenden Bewerbungen herauszufiltern. Nicht selten delegiert man diesen ersten Prozess und bittet seine Unterstützer (von der Sekretärin bis zu den Bereichsleitern), den Stapel bis auf etwa 20 bis 30 Bewerbungsunterlagen vorzusortieren, aus denen man dann selbst in mühevoller, zum Teil detektivischer Kleinarbeit etwa fünf bis zehn Kandidaten auswählt und einlädt. Bisweilen telefoniert man dafür auch noch mit dem einen oder anderen Kandidaten, bevor man sich für die Einladung (inklusive Kostenübernahme der Anreise) zum Vorstellungsgespräch entscheidet.

Übrigens: In unserem Beispiel wurde nur eine Anzeige geschaltet, es wurden nicht zusätzlich noch im Internet oder gar über das Arbeitsamt die »Netze« ausgeworfen.

Egal ob Sie ein Kleinunternehmen mit zehn Mitarbeitern führen oder wie in unserem Beispiel 100 Mitarbeiter eines mittelständischen Unternehmens: Jede Neueinstellung eines Mitarbeiters in einer etwas verantwortungsvolleren Position erfordert einen nicht zu unterschätzenden Aufwand an Zeit, Energie und Sorgfalt. Wenn Sie dann noch später feststellen müssen, nur bei jeder zweiten Personalentscheidung richtig gewählt zu haben, ist es nachvollziehbar, warum sich Unternehmen an eine Personalberatungsfirma wenden.

Die Auswahl zum Gespräch

Nun haben sich Ihnen – wie in unserem Beispiel beschrieben – insgesamt 217 Bewerber empfohlen. Und obwohl Sie Ihre Anzeige sorgfältigst formuliert haben (auch dafür war fast ein ganzer Arbeitstag notwendig), sind Sie über die Bewerbung so vieler unterqualifizierter Kandidaten regelrecht überrascht. Nicht nur, dass ein Teil der Bewerbungsunterlagen ziemlich nachlässig zu Papier gebracht wurde; einer Menge Kandidaten fehlt ein beruflicher Hintergrund, der auch nur ansatzweise erahnen lässt, dass sie ein Verständnis für Ihr Geschäft mitbringen könnten: zu jung, keine ordentliche Qualifikation, zu unerfahren. Einige wenige sind auch deutlich überqualifiziert (z.B. selbst langjähriger Geschäftsführer) oder anders bzw. »falsch« qualifiziert (z.B. promovierter Philosoph, mit zehn Jahren Uni-Erfahrung).

Nun fällt Ihnen diese grobe Negativauswahl vielleicht noch verhältnismäßig leicht. Jedoch dass sich nur die Falschen beworben haben, kann ja irgendwie auch nicht sein (denken Sie jedenfalls). Andererseits, wie wählen Sie die drei, 13 oder, wenn Sie Glück haben, 23 (vermeintlich) besten Kandidaten aus?

Es ist unmöglich, alle geeignet erscheinenden Bewerber kennen lernen zu wollen. Zeit und Kosten erlauben dies nicht. Andernfalls wollen Sie aber auch keinen guten Kandidaten übersehen und sich dadurch eine Chance entgehen lassen. Schließlich haben Sie ein Arbeitsproblem und brauchen hierfür schnellstmöglich kompetente Unterstützung. Mit der richtigen Auswahl der Kandidaten zum Vorstellungsgespräch haben Sie jedenfalls jetzt das nächste Problem.

Was tun? Wie kann man in diesem Vorauswahlprozess die richtigen Kandidaten zur Einladung herausfinden? Bisweilen ruft ein Personalverantwortlicher die in Frage kommenden Bewerber an, z.B. in den frühen Abendstunden (manchmal aber auch schon deutlich nach 20 Uhr) oder sogar am Wochenende (»Ich habe hier Ihre Unterlagen vor mir, erzählen Sie doch mal, warum Sie 1995 die Firma Meyer & Söhne verlassen haben. Und was ist wohl mit dem Satz in Ihrem Arbeitszeugnis gemeint ...«).

Kein angenehmes Telefonat, für keine der beiden Seiten. Nicht selten steckt die blanke Hilflosigkeit dahinter, wenn Personalentscheider herumtelefonieren. Wen sollten, wen müssen wir einladen? Und sind das auch wirklich die geeignetsten Kandidaten aus unserem Bewerberpool? So lautet ihre bange Frage.

Sehr häufig entsteht so auf der suchenden Seite der Eindruck, eigentlich gar keine echte Auswahl zu haben. Irgendwie erscheinen dann alle Bewerber als mehr oder weniger ungeeignet, jedenfalls keiner so, dass man ihn sofort einladen möchte. Verunsicherung, häufiger jedoch noch Unlust bis Frust sind die gängigen Abwehrformen, die sich ziemlich schnell in dieser Situation auf Unternehmensseite herausbilden. Das Misstrauen wird umso größer, je länger man sucht. Kommen dann noch bereits einmal gemachte schlechte Erfahrungen hinzu, ist man schnell geneigt, fast alle Kandidatenangaben in Frage zu stellen und nichts mehr glauben zu wollen. Dann kommt es häufig zur Klage, dass trotz der hohen Arbeitslosenzahlen keine wirklich geeigneten und arbeitswilligen Fachkräfte zur Verfügung stünden.

Die Entscheidung

Mit einiger Mühe haben Sie aus dem zunächst sehr großen Angebot 15 Kandidaten ausgewählt. Sie haben sich mit ihnen intensiv beschäftigt, mit einem Drittel von ihnen auch persönlich telefoniert. Dafür sind viele Arbeitsstunden verwendet worden, denn nicht nur Sie, sondern auch noch andere Personen Ihres Unternehmens, in unserem Beispiel Ihr Kollege, der technische Geschäftsführer, sowie die Positionsinhaber des Vertriebs und der Finanzbuchhaltung waren bei der Auswahl involviert. Auch sie haben ihre Vorstellungen vom geeignetsten Kandidaten eingebracht und mit ausgewählt, wer nun eingeladen werden soll. Auf diese Weise sind allein schon bis zu diesem Augenblick – alle Arbeitsstunden zusammengerechnet – mehrere Arbeitstage zusammen gekommen.

Nun gut, mögen Sie denken, ein guter Mitarbeiter muss solch eine Zeit- und Kosteninvestition schon wert sein. Nach sorgfältiger Abwägung und einigen Diskussionsrunden bleiben sieben Bewerber übrig, die Sie gerne einladen möchten. Sie beauftragen Ihre Sekretärin, für einen Freitagnachmittag in drei Wochen und den darauf folgenden Samstagvormittag Termine mit den einzuladenden Bewerbern zu verabreden.

Es dürfte Sie nicht schlecht erstaunen, dass Ihnen bei der Terminabstimmung mindestens zwei Kandidaten einen Korb geben, wirklich nicht können oder wollen. Aber fünf eingeladene Bewerber, denken Sie sich, die dann auch noch durch eine Zusage ihr Kommen in Aussicht stellen, sind ja immerhin ein Ergebnis, mit dem man arbeiten kann.

Angenommen, aus Ihrem eigenen Betrieb hat sich im letzten Moment ein durchaus in Betracht zu ziehender Kandidat beworben. Der Umgang mit dieser internen Bewerbung muss besonders sorgfältig erfolgen, und auch dieser Kandidat wird zum Gespräch eingeladen.

Manchmal erlebt man auch die Überraschung, dass ein Kandidat trotz seiner telefonischen Zusage gar nicht erst erscheint oder kurzfristig absagt. Zusammen mit Ihrem Kollegen und den beiden engsten Mitarbeitern, denen Sie besonders vertrauen und eine gewisse Kompetenz in Sachen Menschenkenntnis zuschreiben, führen Sie jedenfalls sechs ein- bis zweistündige Erstgespräche.

Das Ergebnis: Sie sind von allen Kandidaten mehr oder weniger enttäuscht. Das Interview mit dem Mitarbeiter aus dem eigenen Haus verlief aus unerklärlichen Gründen unerfreulich, so dass auf beiden Seiten ein ungutes Gefühl zurückbleibt. Sie ziehen von den restlichen fünf Bewerbern zwar zwei in die engere Auswahl, können sich jedoch nicht so richtig einigen, wer für das zweite Vorstellungsgespräch eingeladen werden soll. Zudem haben Sie auch das Gefühl, dass einer Ihrer Mitauswähler mit Ihren Vorschlägen nicht konform geht, sich aber vorsichtig bedeckt hält, da er natürlich mit Ihnen keine Konfrontation sucht. Alles in allem kein schönes Gefühl, sondern Stress, Frust und jede Menge Unerfreuliches.

Aber es kann noch schlimmer kommen: Stellen Sie sich bitte jetzt vor, Sie seien der Besitzer dieses Unternehmens, aber nicht der alleinige. Ihr sonst so stiller Teilhaber hat von dieser Suchaktion etwas mitbekommen. Auch wenn er sich sonst nicht aktiv in das Tagesgeschäft einmischt, wünscht er doch in regelmäßigen Abständen informiert zu werden und darf in seiner Einflussnahme »hinter der Bühne« nicht unterschätzt werden. Ihnen schwant nichts Gutes, als just in dieser komplizierten Lage noch eine weitere Person zur Auswahlentscheidung beitragen möchte.

Sie haben sich also mit Ihren Mitentscheidern mit einiger Mühe auf zwei Kandidaten geeinigt, die Sie in den nächsten drei Wochen (das wäre relativ schnell) für einen ganzen Tag ins Unternehmen einladen. Hier sollen mehrere ausführliche Gespräche hintereinander mit unterschiedlichen Personen aus dem Unternehmen stattfinden. Zusätzlich ist ein Rundgang sowie ein gemeinsames Mittagessen geplant. Nun möchte auch noch Ihr Teilhaber den betreffenden Kandidaten näher kennen lernen. Mittlerweile ist durchgesickert, dass er Ihre Entscheidung – bei allem Verständnis dafür, dass Sie sich Ihren Geschäftsführungsassistenten selbst aussuchen wollen – doch gerne vorab wissen möchte, denn da gab es ja mal so einen personellen Fehlgriff …

Verlassen wir an dieser Stelle unser – seien Sie versichert – bestimmt nicht unrealistisches Beispiel, das Sie, liebe Leserin, lieber Leser, in die Lage eines Personalentscheiders versetzen sollte. Wir wollten Ihnen zeigen, wie schwierig es ist, eine verantwortungsvolle Position in einem Unternehmen zu besetzen. Sie haben den Prozess der Personalauswahl durch die Augen eines Personalentscheiders erlebt. Verstehen Sie nun, warum viele Firmen diese Aufgabe an Personalberatungsunternehmen abgeben?

Personalentscheidungen oder: Zwischen der Angst vor dem Risiko und dem Mut der Verzweiflung

Immer mehr Unternehmen beauftragen Personalberatungsgesellschaften, das heißt Personalsuch- und Entscheidungs(findungs)-Profis, wenn es um die Besetzung von wichtigeren Positionen geht. Die Beweggründe müssten nach dem vorangegangenen Beispiel klar sein: Zeitersparnis und Nutzung von Kompetenz. Nicht selten spielt eine gewisse Skepsis der eigenen Personalabteilung gegenüber bis hin zur blanken Angst vor dem Risiko einer Fehlentscheidung eine Rolle. Vielfach ist dieses Outsourcing auch eine Folge generell schlanker Mitarbeiterstrukturen. Auf der Kandidatenseite kommt hinzu, dass wirkliche Zauberer und Künstler (Kunst kommt von Können) auf dem Arbeitsmarkt nicht einfach zu finden sind.

Den auftraggebenden Firmen ist diese Spezialdienstleistung, die Übernahme von Personalsuche und die Mithilfe bei der Entscheidungsfindung, etwa ein Drittel des Jahreseinkommens der zu besetzenden Stelle wert. In bestimmten Fällen (einfachere Positionen) mal etwas weniger, manchmal aber auch deutlich mehr.

Bei dem Vorgehen über eine Personalberatungsfirma bleibt das auftraggebende Unternehmen nach innen und nach außen durch Anonymität geschützt, denn die Personalberatungsfirma übernimmt Ausschreibung, Auswahl und Vorsortierung. So lässt man aus unterschiedlichen Gründen Mitarbeiter und Mitbewerber lange Zeit darüber im Unklaren, was vor sich geht. Ob Abteilungen aufgestockt oder verkleinert werden, sich die Führungsmannschaft erweitert, verschlankt oder verjüngt, bleibt Betriebsgeheimnis – bis zu dem Moment, in dem der Personalberater seinem Auftraggeber zwei, drei bis (in seltenen Fällen maximal) fünf (angebliche) Idealkandidaten präsentiert und nach weiteren Gesprächen zwischen dem eigentlichen Arbeitgeber und den Kandidaten die Entscheidung fällt.

Der Hintergrund liegt auf der Hand. Nicht selten sind die Personalentscheidungen eines Unternehmens, einer Abteilung, einer Person – vorsichtig ausgedrückt – umstritten. Mit anderen Worten: Man erinnert sich von Seiten des Aufsichtsrats oder der Geschäftsführung, dass der Auswahl- und Entscheidungsprozess einer Neubesetzung nicht nur höchst problematisch verlief, sondern auch noch die Erwartungen an den neuen Mitarbeiter ganz schnell und nachhaltig bitter enttäuscht wurden.

Derlei desillusionierende Erfahrungen mit neuen Hoffnungsträgern, die sich als teurer Flop herausstellen oder neue Probleme verursachen, statt die alten Probleme zu beseitigen, hinterlassen Spuren. Der dafür verantwortliche Personalchef oder der Abteilungsleiter wird nach solchen Erfahrungen zukünftig in seinem Entscheidungsspielraum, was Personalrekrutierung und -auswahl anbetrifft, etwas beschnitten werden. Er darf nicht mehr frei schalten und walten, also allein entscheiden, wenn es um die Besetzung einer für das Unternehmen relevanten Position geht.

Hier wird schnell von höherer Ebene aus darauf gedrungen, eine externe professionelle Unterstützung mit einzubeziehen. Den bisweilen langwierigen Suchprozess und die Vorauswahl übergibt man dann gerne einem darauf spezialisierten Beratungsunternehmen, sei es eine Personalberatungsgesellschaft oder ein mehr oder weniger allein arbeitender Headhunter.

Ein Headhunter kommt insbesondere dann in Betracht, wenn die zu besetzende Position eine Schlüsselfunktion für den Unternehmenserfolg oder -misserfolg inne hat. Wenn zusätzlich noch erkennbar wird, dass ein Unternehmen der Konkurrenz für diesen Aufgabenbereich einen sehr kompetenten Mitarbeiter beschäftigt, ist der Ansporn für den Auftraggeber (das suchende Unternehmen) umso größer.

Auch im eigenen Interesse wird sich ein klug agierender Personalmanager nicht unbedingt die Verantwortung allein aufbürden und mit dem ausgewählten Kandidaten ein unkalkulierbares Risiko eingehen für den Fall, dass dieser enttäuscht, eventuell sogar scheitert. Warum auch …

Hierfür gibt es den bezahlten Profi. Er bekommt die Verantwortung übertragen, und wenn das Ganze nicht so läuft wie gewünscht, weiß man wenigstens, wer die Schuld dafür zu übernehmen hat.

Wenn der Headhunter zweimal klingelt

Das Telefon klingelt ... diese Situation kennen Sie ja schon. Diesmal ist es aber das Ihrer Kollegin, und schon hören Sie diese mit äußerst freundlicher Stimme sagen: »Sprinter AG, guten Tag, mein Name ist Marina Müller, was kann ich für Sie tun?« Ihre Kollegin, die nette Projektleiterin Marina Müller, hört eine ganze Weile aufmerksam zu, wird ein wenig blass, schluckt und räuspert sich. Sie kennen Ihre Kollegin und ihre Art zu telefonieren genau und wissen instinktiv: Dies ist kein normaler Geschäftsanruf. Sie sehen, wie es in Frau Müller arbeitet, wie sie zunehmend nervöser wird, sich geradezu verwandelt. Plötzlich zuckt ein schelmisches Grinsen über ihre Mundwinkel, sie richtet sich auf und flötet besonders lässig: »Jaaa, ich bin an dieser Lebensversicherung sehr interessiert. Können Sie mich heute Abend bitte noch einmal zu Hause anrufen? Ich geb Ihnen mal meine private Telefonnummer ...«

Für Sie ist es ganz klar: Das war ein Headhunter am anderen Ende der Leitung! Wieder einmal! Betont geschäftsmäßig wendet sich Frau Müller nun erneut ihren Akten zu und blättert doch nur geistesabwesend darin herum. Sie sehen, wie sie bemüht ist, ihre leichte, aber spürbare Aufregung wieder unter Kontrolle zu bekommen.

Und Sie? Sie ärgern sich, nicht gerne und schon gar nicht offen, sondern immer schön versteckt und in sich hinein: Warum ruft denn so ein Headhunter bloß Frau Müller an – und nicht Sie? Warum macht Frau Müller demnächst Karriere, während Sie auf Ihrem langweiligen Arbeitsplatz versauern? Wie lange sollen Sie noch warten, bis endlich auch Ihr Telefon klingelt, und eine sonore Männerstimme Sie fragt: »Hallo, mein Name ist Harry H. Hunter. Haben Sie einen Moment Zeit? Können Sie gerade frei sprechen?«

Unsere Antwort lautet: Sie sollten nicht warten. Nehmen Sie die Sache selbst in die Hand. Sehen Sie zu, dass Sie auf den Radarschirm der Personalberater oder »Executive Search Consultants« kommen – so nennen sich Headhunter offiziell. Warum rufen Sie den Headhunter nicht von sich aus an?

Mit diesem Buch wollen wir Ihnen zeigen, was Sie bei der Kontaktaufnahme beachten müssen und wie Sie bei Ihrem persönlichen Headhunter am besten in Erinnerung bleiben. Wir veranschaulichen, wie Headhunter arbeiten und dass diese Profession höchstens halb so glamourös ist wie ihr sagenumwobenes Image. Im Übrigen: Vielleicht ist ja Ihre Kollegin auch nur deshalb angerufen worden, weil der Headhunter gezielt nach »Dummies« gesucht hat – nach Kandidaten, die ganz offensichtlich schlechter abschneiden als sein persönlicher Favorit und lediglich dazu dienen, dem Kunden die vertraglich vereinbarte Anzahl an Bewerbern vorzustellen. Weil bekanntlicherweise Wissen Macht ist, beleuchten wir im folgenden Kapitel etwas den Hintergrund.

DIE BRANCHE

Von Headhuntern, Executive Search Consultants und Personalberatern oder: Kleiner Wegweiser durch den Dschungel der Berufsbezeichnungen

Die Bezeichnung »Headhunter« weist jeder, der als solcher arbeitet und dabei etwas auf sich hält, ganz weit von sich. Viel lieber bezeichnen sie sich als »Management Consultants, die Personalaufgaben lösen«, verrät der Branchenkenner Kaevan Gazdar in seinem Buch *Köpfe jagen*.[1]

In der Branche verbreitet sind folgende Bezeichnungen:[2]

Personalberater suchen Fach- oder Führungskräfte im Auftrag eines suchenden Unternehmens. Sie arbeiten auch mit der Methode der »Direktansprache« – das heißt: Anruf beim potenziellen Kandidaten. Oder sie schalten Anzeigen in den Stellenmärkten der Tageszeitungen. Dabei geben sie nicht den Namen des suchenden Unternehmens bekannt, sondern umschreiben nur grob, in welcher Branche das Unternehmen arbeitet, wie groß es ist und welche Positionen dort zu besetzen sind.

Executive Search Consultants sind auf die Direktansprache von Kandidaten spezialisiert, das heißt sie sind die klassischen **Headhunter**. Sie beschäftigen sich mit zwei Kategorien von Kandidaten: mit denen, die eigentlich keinen Jobwechsel geplant haben und in langwieriger Schmeichel- und Überzeugungsarbeit dazu bewegt werden sollen, an anderer Stelle, in einem anderen Unternehmen neue Aufgaben zu übernehmen. Aber auch mit Bewerbern, die aktiv auf der Suche nach einem neuen Posten sind, kann ein Honorar realisiert werden, wenn der Arbeitsmarkt und die eigenen Klienten (Unternehmen) eine Position zu besetzen haben.

Personalvermittler besetzen vor allem Positionen, die mit deutlich weniger als 50 000 Euro Jahreseinkommen dotiert sind: also Tätigkeiten im Sekretariat oder in der Sachbearbeitung.

Zeitarbeitsfirmen besetzen zwar auch Stellen dieser Art, nehmen aber die Mitarbeiter selbst unter Vertrag und »leihen« sie anschließend an die Unternehmen aus, die aktuellen Personalbedarf haben. Aber auch sie drängen in das Marktsegment der Personalberater und Executive Search Consultants (siehe auch Seite 71f.).

Die Headhunter Silke Strauß und Reinald Krumpa erklären sich die Vielfalt der Bezeichnungen damit, »dass der Beruf des Personalberaters oder auch des Headhunters nicht einer allgemeinen Definition, einer konkreten Standesvorschrift oder auch nur einer kontrollierten Ausbildung unterliegt, sondern tatsächlich in vielen Schattierungen und mit diversen Zusatzdienstleistungen existiert.«[3]

Exkurs: Von Heiratsvermittlern und Hebammen

Die schillernde Branche hat nicht nur diverse Berufsbezeichnungen hervorgebracht – viele ihrer Vertreter ringen offenbar selbst um eine Definition ihrer Tätigkeit. Kaevan Gazdar hat viele Headhunter über ihr Selbstbild berichten lassen – ihre Antworten gewähren erstaunliche Einblicke in die Psyche der Berater, vor allem, wenn sie bei ihrer Selbstbeschreibung auf andere Berufsbilder zurückgreifen. »Manchmal fühle ich mich wie ein Heiratsvermittler, der viele glückliche Paare zueinander gebracht hat,« gibt zum Beispiel James Fulghum von Spencer Stuart Associates, München, zu Protokoll.[4]

Gazdar, der selbst als Personalberater tätig ist, meint dagegen, dass die besten Headhunter wahre Künstler sind, »denn anders als in der Unternehmensberatung kann der Executive Searcher keine Methode vorweisen wie zum Beispiel Portfolio-Planung. Seine Intelligenz und sein Instinkt, seine Branchenkenntnis und sein Funktionsverständnis, seine Urteilskraft und sein Einfühlungsvermögen sind ausschlaggebend.« So gesehen, meint Gazdar, verfüge die Branche »über wenige Künstler, viele Handwerker und zu viele Kurpfuscher.«[5] Headhunter Dieter Rickert, einer der bekanntesten der Branche, zieht den Vergleich nicht zum Künstler, sondern zum Kleriker: »Ein guter Headhunter muss schweigen können wie ein Pastor.«[6] Ekkehard Kappeler, Personalberater und Professor an der Universität Witten/Herdecke sieht die Meute der Headhunter – ganz im Wortsinn – im Wald. Allerdings nicht auf der Seite der Jäger: »Headhunting und Personalberatung im notwendigerweise umfassenderen Sinne müssen von der Sache her wohl mehr dem Treiber als dem Jäger zuzurechnende Aktivitäten sein«, formuliert Kappeler.[7] Und damit nicht genug: Kappeler weist dem Personalberater auch die Rolle einer »Hebamme« zu. Denn: »Es geht immer um die Geburt neuer Verhaltensweisen, Netze, Normen und Regeln zwischen den Menschen in einem Unternehmen (...).« Allerdings sei zu beachten: »Geburtshelfer sollen nicht gebären.«[8] Sie sollen den Prozess unterstützen und konstruktiv begleiten, aber dem Unternehmen das Problem der Mitarbeiterbeschaffung dabei nicht abnehmen oder gar zu ihrem eigenen Problem machen.

Heiratsvermittler, Künstler, Kurpfuscher, Treiber, Pastor und Hebamme – was heißt das nun für Sie als Interessentin oder Interessent an einer neuen Tätigkeit? Sie begeben sich tatsächlich in ein Milieu, das auch halbseidene Geschäftemacher und Bohemiens hervorbringt. Informieren Sie sich also gut, bevor Sie sich und Ihre Karriere einem Headhunter anvertrauen. Lassen Sie sich nicht aufscheuchen und in eine neue Stelle treiben, wenn Sie an ihrem alten Arbeitsplatz glücklich und zufrieden sind. Und wenn Sie einen seriösen Personalberater gefunden haben, dem Sie vertrauen, sprechen Sie ruhig offen über Ihre beruflichen Wünsche und Sorgen und lassen Sie sich von ihm – oder ihr – in einen neuen Lebensabschnitt »heben«. Aber Vorsicht: Verwechseln Sie Ihren Personalberater nicht mit einem

Psychotherapeuten! Erzählen Sie ihm nicht freimütig von Ihren Eheproblemen, neurotischen Störungen und der schwierigen Beziehung zu Ihren Eltern. Denn vorrangiges Interesse des Headhunters ist nicht, Ihnen aus Ihren persönlichen Nöten herauszuhelfen, sondern seinen Suchauftrag zu erfüllen und sein Honorar einzustreichen. Wenn Sie ihn davon überzeugen wollen, dass er Sie für eine verantwortungsvolle Position vorschlagen soll, dann präsentieren Sie sich als stabile, kompetente und vor allem sympathische Persönlichkeit.

Keiner will's gewesen sein
oder: Wann Headhunter eingesetzt werden

Personalberatungsunternehmen werden bevorzugt dann eingesetzt, wenn es heikel wird: Ein angeschlagener Geschäftsbereich soll zum Beispiel von einem neuen Geschäftsführer wieder auf Kurs gebracht werden, aber der momentane Stelleninhaber darf noch nichts von dieser bevorstehenden Änderung wissen. Oder: Mit einem neuen Produkt soll ein neuer Markt erschlossen werden, ohne dass die Konkurrenz frühzeitig etwas von diesem Plan erfährt. Headhunter kommen aber auch dann zum Zuge, wenn in einem engen Markt extrem spezialisierte Fachkräfte gesucht werden, wenn ein Unternehmen keinen attraktiven Standort hat (»Lernen Sie die reizvolle Umgebung unseres mittelständischen Familienbetriebes kennen und lieben ...«) oder kein gutes Image potente Wechsler anspricht.

Der springende Punkt ist aber folgender: Eine Fehlentscheidung in Sachen Personal ist für die Unternehmen so teuer, dass Personalmanager die Verantwortung dafür gerne auslagern. Im Klartext: Wenn eine Führungskraft nach einem Jahr den Posten wieder verlässt, kostet die Neubesetzung dieser Stelle fast das Dreifache ihres Jahresgehalts, wie Sie an der nachfolgenden Tabelle ersehen können.

Kosten einer Neubesetzung als Folge einer Fehlentscheidung[9]

Gehalt für ein Jahr	ca. 102 000 Euro
Gehaltsnebenkosten	ca. 31 000 Euro
Kosten für andere, die liegen gebliebene Arbeit mit erledigen müssen	ca. 34 000 Euro
Kosten für den Headhunter	36 000 Euro
Kosten für die Einführung der neuen Kraft	ca. 51 000 Euro
Kosten für andere, die die Arbeit während der Einführungszeit mit erledigen müssen	ca. 34 000 Euro
Summe	**288 000 Euro**

Die Folge: Immer mehr Personalmanager erteilen Personalberatern teure Aufträge, unterstreichen mit diesem Akt ihre Machtposition und bemänteln gleichzeitig ihr fehlendes Rückgrat in Sachen Personalentscheidungskompetenz.

Etwa 70 Prozent aller Arbeitgeberwechsel von Führungskräften werden heute von Personalberatern initiiert.[10] Personalberater Dieter E. Neumaier sieht die Lage nüchtern: »Leider sind die Personalchefs heute die Schlusslichter der deutschen Wirtschaft: Schmalspurjuristen, Schmalspurbetriebswirte und alles in allem Verwalter. Sonst könnten die ganzen Roland Bergers und Kienbaums nicht existieren und Egon Zehnder würde 50 Prozent weniger Umsatz machen.«[11]

Sei es nun die Folge davon oder der Grund dafür: Auch offiziell ändern sich die Aufgaben der unternehmensinternen Personalabteilungen. Sie beschäftigen sich immer mehr mit Personalmarketing, Personal- und Potenzialbeurteilung oder der Durchführung von Assessment-Centern.[12]

Der rechtliche Rahmen
oder: »Jagdsaison wieder eröffnet«

Seit Seit Juli 2001 dürfen Headhunter aufatmen: Erstmals hat ihnen ein Gericht zugestanden, dass sie potenzielle Kandidaten per Telefon abwer-

ben dürfen. Das Oberlandesgericht (OLG) Karlsruhe (Urteil vom 25. Juli 2001, Aktenzeichen 6 U 145/00) hat entschieden, dass ein Verbot der Direktansprache am Arbeitsplatz das vom Grundgesetz garantierte Recht auf freie Berufsausübung für Headhunter unverhältnismäßig einschränke. »Jagdsaison wieder eröffnet« titelte daraufhin das *manager magazin*.[13]
Hintergrund: Der Geschäftsführer des schwäbischen Systemhauses Bechtle AG hatte den Düsseldorfer Headhunter Michael Dobler abmahnen lassen, der versucht hatte, eine Projektleiterin abzuwerben. Als sich der Headhunter nicht beugen wollte, zog das Unternehmen vor Gericht. »Unter Androhung eines Ordnungsgeldes von bis zu 500 000 Mark, ersatzweise Ordnungshaft«, sollte Dobler zur Unterlassung weiterer Anrufe gezwungen werden. Doch vergebens. Die Richter wiesen die Klage ab, und auch eine Berufung vor dem Oberlandesgericht Karlsruhe brachte für das klagende Unternehmen keinen Erfolg. Das Abwerben von Mitarbeitern sei »Teil einer auf Wettbewerb angelegten Marktwirtschaft und deshalb zulässig«, heißt es in der Begründung des Gerichts. Der kurze Anruf eines Headhunters störe nicht das Interesse des Arbeitgebers an einem störungsfreien Betriebslauf. Und ein Arbeitgeber habe auch nicht das Recht, seine Mitarbeiter von jeder äußeren Beeinflussung abzuschirmen. Nach Ansicht des OLG hat aber die angerufene Fach- und Führungskraft Interesse »an beruflicher Verbesserung« und an Informationen über ihren Marktwert. Ein Headhunter könne deswegen davon ausgehen, dass die Zielpersonen mit seinem Anruf einverstanden sind. Sittenwidrig seien Abwerbungsversuche allerdings dann, wenn Beschäftigte zum Vertragsbruch verleitet würden oder der Headhunter irreführende Angaben macht und damit die Entscheidung des Umworbenen unsachlich zu beeinflussen versucht.
Einen »Freibrief« haben Headhunter damit aber noch lange nicht: Denn es handelt sich bei diesem Urteil um eine Einzelfallentscheidung. Andere Gerichte können vergleichbare Fälle durchaus anders sehen, und die vorhandene Rechtsprechung zeigt dies auch. Das heißt: Wenn ein Headhunter abgemahnt wird, muss er nach wie vor mit einer Verurteilung rechnen. Außerdem ist das OLG der Ansicht, dass Headhunter auch niemanden am Arbeitsplatz anrufen dürfen, um von ihm Informationen über andere wechselwillige Kandidaten zu bekommen. Dies sei ein Wettbewerbsverstoß.[14]

Ihnen – als umworbener Kandidat – können die rechtlichen Probleme der Headhunter zunächst einmal herzlich egal sein. Aber auch für Sie gilt: Seien Sie vorsichtig! Sprechen Sie am Arbeitsplatz nur ganz kurz mit einem Headhunter und am besten dann, wenn Sie allein sind. Steht gerade Ihr Chef neben Ihnen, wenn der Headhunter klingelt, dann tun Sie einfach so, als sei er Ihr Versicherungsagent, Ihr Autohändler oder Gartengestalter. Wozu die nervenaufreibende Heimlichtuerei? Ganz einfach: Wenn Sie Ihren so genannten »Abkehrwillen« von Ihrem jetzigen Arbeitgeber offen demonstrieren, riskieren Sie durchaus Ihre Kündigung. Denn gerade bei Vertrauenspositionen kann eine Zusammenarbeit des Unternehmens mit einem »abwanderungswilligen« Mitarbeiter eine Belastung des gegenseitigen Arbeits- und Vertrauensverhältnisses darstellen.

Aus diesem Grund sollten Sie auch niemals Ihre Bewerbungsunterlagen an Ihrem Arbeitsplatz fertigstellen und genauso wenig Ihre Zeugnisse auf dem Kopierer im Büro vervielfältigen.

Und selbst, wenn Sie nicht gekündigt werden: Sobald Ihr Chef oder Ihre Kollegen ahnen, dass Sie das Unternehmen verlassen wollen, werden sie sich von Ihnen abwenden. Warum? Wenn Ihre Partnerin zu sehr mit dem Nachbarn flirtet (oder Ihr Partner mit der Nachbarin) – würden Sie dann nicht auch fragen: »Wohin gehörst Du eigentlich?«

Der Markt
oder: Kleine Haie und dicke Fische

Die deutsche Personalberatungsbranche befand sich zehn Jahre lang in Partystimmung: Laut Bundesverband Deutscher Unternehmensberater (BDU) lag der Branchenumsatz 1990 bei 0,53 Milliarden Mark, 1997 schon bei 1,28 Milliarden und im Jahr 2000 bei 2,49 Milliarden EUR.[15] Dieses Volumen wurde von etwa 6 400 Beratern erwirtschaftet, die in gut 2 000 Personalberatungsunternehmen beschäftigt waren. 89 000 Suchaufträge wickelten die Headhunter ab, das entspricht einer Zunahme von knapp 18 Prozent gegenüber dem Vorjahr.

Diesen Rekordumsätzen zum Trotz schauen die Personalberater besorgt in die Zukunft: »Die Umsätze werden in diesem Jahr rückläufig sein«, sagte Joachim Staude, BDU-Vizepräsident und Personalberater bei TMP Worldwide im Oktober 2001 gegenüber der Zeitung *Welt am Sonntag*.[16] Die jüngste BDU-Studie bestätigt, dass die Umsatzkennzahlen der amerikanischen Kollegen rückläufig sind und auch in Europa mit einer »Umsatzstagnation durch alle Größenklassen« gerechnet werden muss. Die Terroranschläge vom 11. September 2001 haben der Weltwirtschaft und dadurch auch dieser Branche einen zusätzlichen Hieb verpasst.

Die im BDU zusammengeschlossenen Personalberater erwarten, dass einige der größeren Gesellschaften in Deutschland ihr Geschäft internationaler ausrichten werden, während kleinere Berater sich mehr auf spezielle Branchen und regionale Märkte konzentrieren werden. Vor allem erwartet – vielleicht sogar eher erhofft – der BDU eine Marktbereinigung: »Denn die Beobachtung, dass immer mehr Personalberater im Markt tätig sind, die Leistungen mit zweifelhaftem Qualitätsniveau anbieten, lässt erwarten, dass sich eben diese oft als unseriös bezeichneten Berater nicht über längere Zeit etablieren werden.«[17]

Die kleinen Haie unter den Headhuntern werben teilweise mit rüden Methoden – und häufig ohne Auftrag – Fach- und Führungskräfte ab und versuchen, diese für ein möglichst hohes Erfolgshonorar zu »vermakeln«. Oft vermitteln sie den gleichen, viel versprechenden Manager in kurzen Zeitabständen reihum an verschiedene, miteinander konkurrierende Unternehmen der gleichen Branche und betreiben so, zumindest kurzzeitig, ein äußerst lukratives Personalkarussell.

Diese Geschäftemacher sind es, die das Negativ-Image der Headhunter-Branche immer wieder heraufbeschwören: das des halbkriminellen Kopfjägers. Der weitaus größere, seriöse Teil der Branche versucht durch seine Verbandsarbeit, sich gegen dieses Image zur Wehr zu setzen.

Personalberater in der Schweiz und in Österreich

Die Personalberaterlandschaft in Österreich und in der Schweiz unterscheidet sich von der in Deutschland. Florens Eblinger, Geschäftsführer

der »jobnews.at – Personalberater Plattform« in Wien erklärt, warum das so ist: »Der Markt ist wesentlich kleiner, es ist ein sehr lokaler Markt.« Insgesamt gebe es in Österreich lediglich um die 100 Personalberater, davon seien nur etwa zehn Prozent in der Direktansprache aktiv. Die anderen rekrutieren mit Hilfe von Stellenanzeigen.
Die großen Player der Branche – Kienbaum, Mercuri Urval, Korn/Ferry usw. – sind grundsätzlich auch in Österreich und in der Schweiz aktiv. Die kleinen und exklusiven, auf bestimmte Branchen oder Berufe spezialisierten Beratungsunternehmen haben Eblinger zufolge aber keine geringeren Chancen als die großen, wenn es um die Akquise interessanter Aufträge geht. Der Markt ist eben sehr übersichtlich. Eblinger: »Bereinigungsprozesse, wie es sie in Deutschland gegeben hat, sind deshalb hier nicht so spürbar.«
Einen guten Überblick über den Personalberatermarkt in Österreich finden Sie unter *www.jobnews.at*. Hier sind etwa 75 Beratungsunternehmen vertreten, die diese Plattform gleichzeitig als Online-Jobbörse nutzen.

Eine ausführliche Adressensammlung Schweizer Personalberater findet sich unter *www.jobsuchmaschine.ch*. Ähnlich wie in Deutschland gibt es auch in der Schweiz einen speziellen Berufsverband, der sich um die Durchsetzung von Richtlinien und Qualitätsstandards bemüht: der »Verband der Personaldienstleister der Schweiz«, kurz VDPS (www.vpds.ch). Mitglieder sind nicht nur Headhunter und Personalberater, sondern auch Zeitarbeitsfirmen, Arbeitsvermittler, Outplacement-Berater und Anbieter anderer Dienstleistungen im Bereich »Human Resources«. Der VDPS vertritt etwa 150 Unternehmen, die nach Angaben des Verbands einen Umsatz von über 1,5 Milliarden Schweizer Franken erwirtschaften.

Die Verbände
oder: Statuten, Zahlen und Sorgen

Um ihre Zunft vor »schwarzen Schafen« zu schützen und ein seriöseres Image aufzubauen, haben sich die in Deutschland tätigen Personalberater in zwei Interessenverbänden zusammengeschlossen: im Bundesverband

Deutscher Unternehmensberater (BDU) und in der Vereinigung Deutscher Executive-Search-Berater (VDESB).

Dem in Bonn ansässigen BDU gehören neben den Personalberatern auch andere Consultants an, die z.B. Strategieberatung für Unternehmen anbieten. Insgesamt sind etwa 70 Personalberatungsgesellschaften im BDU zusammengeschlossen, und der »Fachverband Personalberatung« bildet mit seinen 52 Mitgliedern den größten BDU-internen Fachbereich.[18] Der VDESB hat seinen Sitz in Frankfurt und vertritt die Interessen von 21 Mitgliedsunternehmen – in diesem Fall sind es ausschließlich Executive Searcher, also Headhunter.

Beide Interessenverbände haben strikte Grundsätze für die Berufsausübung festgelegt, an die sich ihre Mitglieder halten müssen. Die BDU-Berater zum Beispiel unterstreichen, dass es sich bei ihrer Arbeit »nicht um eine makelnde, vermittelnde Tätigkeit, sondern um eine beratungsintensive Dienstleistung mit dem Ziel eines langfristig befriedigenden Ergebnisses« handelt. Und der VDESB nimmt nur Mitglieder auf, die garantieren, dass »bei der Suche nach geeigneten Führungskräften über persönliche Direktansprache nicht nur eine individuellere Beratung und Betreuung der Klienten, also der auftraggebenden Unternehmen, sondern auch der Kandidaten gewährleistet« ist.[19]

Erfolgsorientierte Honorare lehnen sowohl VDESB- also auch BDU-Berater ab – beide verhandeln vor der Suche ein bestimmtes Zeit- oder Festhonorar. Der VDESB verlangt außerdem, dass jedes Mitgliedsunternehmen ausschließlich mit eigenen Researchern arbeitet (das sind diejenigen, die potenzielle Kandidaten ausfindig machen und zum Teil auch anrufen). Bei der Ansprache der Kandidaten verpflichten sich beide Verbände zu umfassender und objektiver Information über die zu besetzende Stelle. Dabei legen die VDESB-Berater großen Wert auf »Sorgfalt und Klarheit: bei der Darstellung der Beratungsleistungen ebenso wie bei der Akquisition von Aufträgen«. Die Namen von Klienten und Kandidaten werden vertraulich behandelt; Informationen und Unterlagen von Kandidaten werden nur mit deren ausdrücklicher Zustimmung an das suchende Unternehmen weitergegeben.

Eine Besonderheit beim VDESB ist folgende Bestimmung: »Über ihre eigene Identität, die ihres Unternehmens sowie den Zweck ihrer Nachforschungen machen Executive-Search-Berater zu keiner Zeit irreführende Angaben. Bei Nachfrage sind sie selbstverständlich bereit, darüber die entsprechenden Auskünfte zu erteilen.«[20] Diese Klausel bezieht sich auf die Methoden einiger dubioser Researcher, die sich als Journalisten, Ärzte oder als Ihr verschollener Schwager ausgeben, um an ihre Gesprächspartner heranzukommen. VDESB-Berater versprechen also, sich sofort als Headhunter zu erkennen zu geben. Ob sie das tatsächlich in allen Fällen tun, wird von Branchenkennern aber eher angezweifelt ...

Für Sie als Bewerber gilt also: Wenn Sie in Kontakt mit einem Executive-Search-Unternehmen kommen, das Mitglied im BDU oder VDESB ist, dann können Sie relativ sicher sein, dass Sie sich in guten Händen befinden und dass mit Ihren Daten vertraulich umgegangen wird. Der VDESB arbeitet übrigens eng mit dem Weltverband »Association of Executive Consultants« (AESC) zusammen; der BDU ist Mitglied in der »Fédération Européenne des Associations de Conseil en Organisation« (FEACO) mit Sitz in Brüssel und im »International Council of Management Consultants Institutes« (ICMCI), der weltweiten Vereinigung zur Qualitätssicherung in der Unternehmensberatung. Wenn Sie also von einem internationalen Unternehmen angesprochen werden, das im Kleingedruckten mit diesen Abkürzungen auftrumpft, können Sie ebenfalls beruhigt sein.

Ein besonderes Kennzeichen der Personalberater-Branche ist übrigens, dass die Seriosität und der Erfolg eines Unternehmens nicht von seiner Größe abhängen. Ein Minibüro mit einem oder zwei Beratern kann einem international arbeitenden Consulting-Unternehmen durchaus einen Top-Auftrag vor der Nase wegschnappen und diesen auch noch schneller und besser abwickeln: »Headhunting ist eminent personengebunden, und der Aufbau einer großen Organisation kann sich auf die Suchleistung durchaus negativ auswirken«, hat Branchenkenner Kaevan Gazdar beobachtet. »Denn je mehr sich der Berater von der Durchführung des Auftrags distanziert, sich hauptsächlich als Akquisiteur und Koordinator begreift und die Feldarbeit von Researchern, Kontaktern und sonstigem Supportpersonal auf der Basis eines nur ihm persönlich übermittelten Anforderungsprofils ausführen lässt, desto weniger bürgt er real für die Übereinstimmung von Suchwunsch und Kandidatenauswahl.«[21]

Ein Blick auf die Umsätze der Top-Personalberatungsgesellschaften zeigt aber trotzdem, welche Unternehmen ganz vorn mitspielen und über ein entsprechendes Renommee verfügen:

Die deutschen Top-Personalberatungsunternehmen nach Honorarumsätzen

Unternehmen	Umsatz in Mio. EUR
Kienbaum Executive Consultants GmbH	64,93
Heidrick & Struggles, Mülder & Partner	58,03
Ray & Berndtson Unternehmensberatung GmbH	44,48
TMP Wordwide Search GmbH	42,69
Baumann Unternehmensberatung AG	42,13
Korn/Ferry Hofmann Herbold International GmbH	40,90
Egon Zehnder International GmbH	37,07
Spencer Stuart & Associates GmbH	19,94
Delta Management Consultants GmbH	19,43
Steinbach & Partner GmbH	17,84
Deininger Unternehmensberatung GmbH	16,67
Russell Reynolds Associates, Inc.	15,54
Mercuri Urval GmbH	14,32
CIVITAS International Management Consultants GmbH	13,65
Signium International – Ward Howell	13,29
Pape Consulting Group AG	13,04
Roland Berger & Partner GmbH	11,86
ifp Institut für Personal- und Unternehmensberatung	11,76
a_priori international AG Corporate Consult	11,50
Dr. Heimeier & Partner GmbH	10,23
Gemini Executive Search GmbH	10,23
Boyden International GmbH	9,56
Transearch Cetra Consulting GmbH	8,79
H. Neumann International GmbH	8,49
IIC Partners Executive Search Worldwide	6,08

SCS Personalberatung GmbH	5,57
Interselect GmbH Human Resources Consulting	5,11

Hinweis
Bei einem Teil der aufgeführten Personalberatungen sind die Kosten für die Schaltung von Stellenanzeigen Bestandteil des angegebenen Honorarumsatzes.

Quelle: Bundesverband Deutscher Unternehmensberater BDU e.V.: *Personalberatung in Deutschland 2000*, Bonn 2001, Seite 6 (Originalangaben in DM)

Die Auftraggeber
oder: Die Old Economy hat die Nase vorn

Der kurze Boom der New Economy hat die Struktur der Auftraggeber von Personalberatungen gründlich durcheinander gewirbelt: 1999 war die Dienstleistungsbranche mit 33 Prozent erstmals die größte Kundengruppe der Personalberater (1997: zehn Prozent) und hatte das verarbeitende Gewerbe von der Spitzenstellung verdrängt (1997: 26 Prozent; 1999: 20 Prozent). Da Ende 2000 viele Unternehmen der E-Business-Branche, Softwarehäuser und IT-Systementwickler in Turbulenzen gerieten, drehte sich das Verhältnis wieder um: Im Jahr 2000 stieg die Nachfrage des verarbeitenden Gewerbes wieder auf 28 Prozent, während die Dienstleister auf 25 Prozent zurückfielen.[22] Der BDU erklärt diese Entwicklung damit, dass die Unternehmen der Old Economy die Krise der vermeintlich »neuen« Wirtschaft dazu nutzten, ihr das Know-how kurzerhand abzukaufen, um selbst international wettbewerbsfähig zu bleiben.

Dieser Trend hat sich im Jahr 2001 fortgesetzt, zusätzlich sind aber auch Unternehmen der Old Economy in »Turbulenzen« geraten: In Deutschland hat es im Vergleich zum Vorjahr rund 25 Prozent weniger Stellenangebote gegeben! Und das nicht erst seit dem 11. September, sondern seit Jahresbeginn. Zu diesem Ergebnis kommt der Personaldienstleister Adecco in seinem Stellenindex für das Jahr 2001, der die Stellenangebote von 40 deutschen Tageszeitungen für rund 70 verschiedene Branchen auswertet.[23] Im Detail sieht es so aus: Die Elektronik- und Computerindustrie hatte ein Drittel weniger Stellen im Angebot, IT-Dienstleister und Softwareunternehmen reduzierten ihre Offertenzahl um die Hälfte, Telekommunikationsunternehmen, Internetfirmen und Provider sogar um 60 Prozent. Etwas glimpflicher verlief die Stellenmarktentwicklung wiederum in der Industrie; und entgegen dem allgemeinen Trend steigerten Behörden, Verbände und Versorgungsunternehmen ihre Offertenzahl zusammen um sechs Prozent. Dabei ragten die Gesundheits- und Sozialeinrichtungen als besonders personalintensive Betriebe mit einem Angebotsplus von acht Prozent heraus.

Fazit: Seit sich die Wogen der New Economy geglättet haben, ist wieder alles beim Alten.

Die Kandidaten
oder: »Kampf der Talente« statt »Kampf um Talente«

Personalberater behaupten gerne, überwiegend Top-Positionen zu besetzen. Die Realität sieht aber viel bescheidener aus: Nur acht Prozent der Suchaufträge aller Personalberater in Deutschland zielten im Jahr 2000 auf die erste Führungsebene, die zweite Ebene war mit 27,4 Prozent vertreten und am häufigsten suchten Headhunter nach Personal für die dritte Ebene (30,8 Prozent der Suchaufträge). Ausgedrückt in Bruttojahreseinkommen heißt das: Die meisten der vermittelten Fach- und Führungskräfte (31,4 Prozent) verdienten zwischen 50 000 und 80 000 Euro, ein Salär über 130 000 Euro bekam nur ein Prozent der Kandidaten.[24]

Trotzdem hält sich das Image, dass Headhunter fast ausschließlich in den Mahagoni-Etagen der Unternehmen unterwegs sind – und deshalb fühlen sich viele, die von einem Headhunter angerufen werden, wie ein gerade entdeckter Star, wie ein Genie, um das sich die Firmen händeringend reißen. »Von Headhuntern als Handelsware eingestuft zu werden, stärkt Managers Selbstbewusstsein, weil sich damit so schön kokettieren lässt und weil das Wissen, auf der einen oder anderen Transferliste geführt zu werden, das Vorhandensein von Berufschancen und Sicherheit suggeriert«, stellt Wirtschaftspublizist Peter Derschka fest, der sich intensiv mit den »sozialen Funktionen von Headhuntern« auseinander gesetzt hat. »Keiner wird von sich annehmen, er sei entweder einer jener Allerweltskandidaten, die Headhunter ihren Kunden gerne vorführen, um den Favoriten in noch strahlenderem Licht präsentieren zu können, oder, schlimmer, er müsse nur als Tätigkeitsnachweis des Beraters herhalten.«[25]

Das Selbstbewusstsein der Kandidaten ist nach Einschätzung des BDU tatsächlich eine Zeit lang beträchtlich gewesen – und zwar vor allem in den ehemaligen Boom-Branchen Telekommunikation und Informationstechnologie. Die umworbenen Spezialisten hätten hohe finanzielle Forderungen gestellt und seien wenig zuverlässig gewesen, so der BDU. Sie hielten Termine einfach nicht ein oder seien sogar von bereits unterschriebenen Arbeitsverträgen wieder abgesprungen.[26] Der Grund lag offenbar darin, dass viele über Headhunter versucht hatten, ihren Marktwert zu testen, und an einem neuen Job gar nicht interessiert waren.

Eine Umfrage des Kölner Karrieredienstleisters HR Gardens (ehemals EMDS) im Herbst 2001 stellt aber fest, dass vor allem die jungen Talente langsam wieder kleinlauter werden: »Der Konkurrenzkampf unter Bewerbern hat sich gegenüber dem Vorjahr verschärft«, gaben 63 Prozent der Befragten zu Protokoll. 44 Prozent meinten: »Ich muss meine Gehaltsvorstellungen unter Umständen etwas reduzieren, um meinen Traumjob zu bekommen«, und 19 Prozent befürchteten sogar, ihre Gehaltswünsche »erheblich« nach unten schrauben zu müssen, um an ihren Traumjob zu kommen.[27]

Die meisten Anrufe von Headhuntern bekommen Männer zwischen 35 und 39 Jahren. Wer über 50 oder unter 30 Jahre ist, wird nur selten angeläutet.[28] Sie sind verwundert, dass gerade junge High Potentials nicht von Headhuntern per Telefon kontaktiert werden? Ganz einfach: Diese stehen zumeist in der zweiten oder dritten Reihe eines Unternehmens, tauchen weder im Internet noch in Unternehmenspublikationen namentlich auf und sind durch Researcher deshalb schwer aufzuspüren. Wenn Personalberatungen gezielt nach Young Professionals suchen, schalten sie eine Anzeige oder schauen sich die Gesuche in elektronischen Jobbörsen an.

Der Anteil der vermittelten Kandidatinnen ist übrigens kümmerlich – und entspricht damit dem Frauenanteil in hiesigen Managementetagen: Nur fünf Prozent der Personen, die in eine Top-Position auf der ersten Führungsebene vermittelt wurden, waren weiblichen Geschlechts, während auf der fünften Ebene – das dürfte in den meisten Fällen eine Teamleiter- oder Sachbearbeiter-Tätigkeit sein – der Anteil der vermittelten Frauen 32,6 Prozent betrug (im Jahr 2000).[29]

Das Angebot
oder: Der Angestellte als Superstar

Im Headhunter-Geschäft zeichnet sich eine interessante Entwicklung ab: »Idealerweise müsste es so sein, dass jedes Talent seinen Agenten hat, der sich um seine Karriere kümmert, wie ein Trainer sich um Wohl und Wehe seines Spielmachers kümmert«, so die Vision von Dr. Mathias Hiebeler, Partner des international operierenden Personalberatungsunternehmens Heidrick & Struggles, Mülder & Partner, das in der BDU-Umsatz-Liste zur Zeit auf Platz zwei rangiert.[30] In Zukunft könnten viel versprechende Young Professionals von sich aus bei Headhuntern anrufen und ihr Talent anbieten. Denn, so Hiebeler, »je enger und je besser wir mit den Spitzenleistern, egal auf welcher Ebene, verdrahtet sind, umso leichter tun wir uns bei der Lösung der Projekte, die wir zum Suchen bekommen haben.« Weiter gedacht, sei eine Rundum-Betreuung optimal, die bei den ersten Schritten in die berufliche Tätigkeit ansetze und dann in »Coaching für Top-Executives« münde.
Die Realität der Personalberatung bestätigt Hiebelers Vision schon jetzt: Laut BDU ist der Anteil der reinen Personalsuche und -auswahl am Gesamtumsatz der Personalberater in den vergangenen Jahren immer weiter zurückgegangen, während neue Dienstleistungen verstärkt nachgefragt wurden: Personalentwicklung und Coaching, individuelle Karriereberatung und Persönlichkeitsanalysen, Vergütungsberatung und Management-Audits. Im Zuge der Massenentlassungen bei Banken und anderen Dienstleistern verzeichnete auch die Outplacement-Beratung einen besonderen Boom.

Das Zielobjekt
oder: Der Kandidat im Netz

Die Personalberatungen erweitern aber nicht nur ihr Angebot, sie verändern dadurch auch teilweise ihre Unternehmensstrukturen. Um Talente gleich von der Uni abzuholen und dann ihr Berufsleben lang zu begleiten, betreiben immer mehr Personalberatungsgesellschaften Kooperationen oder Fusionen mit Campus-Recruiting-Unternehmen und – vor allem – mit elektronischen Jobbörsen. Auf diese Weise entstehen ganz neue Firmengeflechte, in denen jedes Einzelunternehmen ein Image aufbauen und pflegen kann, das genau seiner Zielgruppe entspricht: vom lauten und flippigen Online-Portal für Berufseinsteiger bis zum sehr seriösen Executive Search Consulting, das auf die diskrete Ansprache von Vorständen und Geschäftsführern spezialisiert ist.

LeadersOnline, Tochterfirma des Personalberatungsunternehmens Heidrick & Struggles, Mülder & Partner, betreut zum Beispiel »Emerging Talents« in Kooperation mit Westerwelle Consulting & Media. Hierbei stellt Westerwelle den Service für Absolventen, Unternehmensgründer und Berufseinsteiger; LeadersOnline kümmert sich um junge Leute mit mindestens vier Jahren Berufserfahrung und einem Jahresgehalt von 40 000 bis 160 000 Euro. Nach einigen Jahren bei LeadersOnline ist das Talent dann ein potenzieller Heidrick-&-Struggles-Kandidat. LeadersOnline positioniert sich damit als »Rundum-Recruiter« auf allen Ebenen. Über Westerwelle hat das Unternehmen den direkten Zugriff auf die Universitäten und die Vertrauensprofessoren, wirbt für sich mit Veranstaltungen an den Hochschulen und sichert sich sehr früh den Zugang zu den aussichtsreichsten Talenten.

Wer kooperiert mit wem? Ein Überblick

Personalberatung	Online-Jobbörse für »Seniors«	Online-Jobbörse für »Young Professionals«
Heidrick & Struggles, Mülder & Parter	www.leadersonline.de	www.westerwelle.de
Korn Ferry/Hoffmann Herbold	www.ekornferry.com	www.futurestep.com
TMP Wordwide Search GmbH	www.eresourcing.tmp.com	www.monster.com
Kienbaum	–	www.jobpilot.de
Interselect HRC GmbH	–	www.absolute-career.de

IHR NUTZEN

Veränderungen und Tendenzen der Branche oder: Wie Sie professionelle Headhunter für Ihre Karriere nutzen

Ein Leben zwischen Golfplatz, Cocktailparty und Hotelfoyer, ein Telefonat hier und ein vertrauliches Gespräch da, und schon rollt ein sattes Honorar in die Kasse – dieses Klischee über Headhunter ist nicht ganz unzutreffend. Denn immerhin wird die erfolgreiche Vermittlung einer Führungskraft mit etwa einem Drittel ihres Jahresgehalts honoriert.
Aber nach den Terroranschlägen des 11. September 2001, auf die die schwächelnde Weltwirtschaft mit einer handfesten Krise reagierte, wurden Einstellungsstopps ausgerufen und Massenentlassungen eingeleitet. Seither geht es auch der Executive-Research-Branche nicht mehr so glänzend. Nicht nur, weil weniger Menschen eingestellt werden, sondern auch weil diejenigen, die eine gute Position innehaben, in Zeiten wirtschaftlicher Unsicherheit nicht mehr so leicht zu einem Jobwechsel zu bewegen sind.
Ein weiterer Grund liegt darin, dass seit Mitte der neunziger Jahre auch etliche Personal-Manager ihren Job verloren haben. Viele von ihnen – gerade die älteren, die in den Unternehmen keine adäquate Anstellung mehr finden – haben sich als Headhunter selbstständig gemacht und versuchen jetzt, den großen Personalberatungsfirmen einen Teil des Kuchens abspenstig zu machen. Dies tun sie nicht zuletzt über eine Preispolitik, die relativ niedrige Honorare mit einem vergleichsweise hohen Erfolgsanteil kombiniert.[31]
Und das ist noch nicht alles: Auch die zunehmende Verbreitung elektronischer Jobbörsen macht den klassischen Personalberatungsfirmen das Le-

ben schwer. Auch wenn in Deutschland – noch – die absoluten Top-Manager davor zurückschrecken, die Entwicklung in den USA zeigt: Selbst die oberste Führungsebene ist nicht mehr grundsätzlich abgeneigt, ihren Lebenslauf in eine Datenbank einzuspeisen. Deshalb arbeiten alle etablierten Executive-Research-Unternehmen zur Zeit fieberhaft daran, Kooperationen mit Online-Jobbörsen auf die Beine zu stellen oder eigene zu gründen. Natürlich – wenn die Executive-Research-Branche Flaute meldet, können auch potenzielle Kandidaten nicht mehr unbedingt mit frischem Fahrtwind für ihre Karriere rechnen. Aber es zeichnen sich Tendenzen ab, die gute Chancen für alle bieten, die sich bei ihrer Jobsuche von einem Headhunter professionell unter die Arme greifen lassen wollen.

Headhunter vermitteln nicht mehr nur Top-Manager

Mindestens 100 000 Euro musste ein Manager Anfang der neunziger Jahre verdienen, um für Headhunter überhaupt interessant zu sein. Der Grund: Bis 1994 war es Personalberatern gesetzlich verboten, Mitarbeiter anderer Hierarchieebenen zu suchen. Dann aber wurde das Vermittlungsmonopol der Bundesanstalt für Arbeit gelockert. Heute nehmen Headhunter auch Kandidaten mit einem Jahresverdienst ab 50 000 Euro ins Visier: Das gilt zum einen für Branchen, in denen Fachkräfte Mangelware sind. Zum anderen ist der Personalberatermarkt so eng geworden, dass den neuen Ein-Mann-Büros gar nichts anderes übrig bleibt, als ihre Jagdgründe auf die mittlere Managementebene, auf Spezialisten und sogar auf Handwerker auszuweiten.[32]

Headhunter spezialisieren sich

Vor allem die Personalberatungsunternehmen mittlerer Größe stehen unter einem starken Wettbewerbsdruck. Je weniger Stammkunden sie bedienen, desto mehr sind sie zu einer strategischen Neuausrichtung gezwungen: Entweder müssen sie expandieren oder sich auf bestimmte Regionen oder branchenspezifische Nischen spezialisieren. Gerade diese kleineren Spezialbüros eignen sich gut als Ansprechpartner für Bewerber, die von sich aus auf einen Headhunter zugehen wollen.

Headhunter bieten zunehmend Rundum-Betreuung

Die reine Personalsuche und -auswahl macht in der Personalberatungsbranche einen immer kleineren Anteil am Geschäftsvolumen aus. Dafür bieten sie mehr Dienstleistungen in den Bereichen Personalentwicklung, Persönlichkeitsanalyse, Coaching, Vergütungsberatung, Nachfolgeplanung und Outplacement an.[33] Auf längere Sicht entwickeln sich Headhunter damit zu persönlichen Karriere-Managern – vergleichbar mit den Managern von Popstars oder Spitzensportlern.

Headhunter werden immer häufiger von Unternehmen beauftragt

Wer die besten Köpfe in seinem Unternehmen versammelt, kann sich am besten am Markt behaupten. Und der Wettbewerb ist hart. Im so genannten »War for Talents« scheuen viele Unternehmen weder Kosten noch Mühe, um die Besten an sich zu binden. Branchenkenner vermuten aber auch noch andere Gründe: Personalveranwortliche geben manchmal gerne die Verantwortung für die Besetzung einer Schlüsselposition an eine »neutrale« Stelle ab – aus Angst, für eine Fehlentscheidung geradestehen zu müssen.

Das Personalkarussell dreht sich schneller

Manager und Spezialisten wechseln immer häufiger ihre Position. Kaum jemand verbringt noch das gesamte Berufsleben in ein und derselben Firma (in der vielleicht schon der Vater und Großvater gearbeitet haben). Diskontinuitäten, Abbrüche und Neustarts gehören heute zu jedem Lebenslauf. Das liegt zum einen daran, dass sich die Berufswelt und auch die Unternehmen immer schneller wandeln. Zum anderen absolvieren aber auch die Fach- und Führungskräfte heutzutage keinen »vertikalen Marsch durch die Hierarchie« mehr, sondern bevorzugen eine Entwicklung, die eher »cross-funktional und horizontal« stattfindet.[34]

Neue Branchen entdecken die Dienste der Headhunter

Wohlfahrtsverbände und Hilfsorganisationen, Bildungsträger und Sportvereine beschäftigen Millionen von Menschen. Allein die Organisationen der Freien Wohlfahrtspflege (Caritas, Diakonie etc.) erwirtschaften einen Jahresumsatz von etwa 56 Milliarden Euro.[35] Zusätzlich drängen immer mehr private Anbieter auf den Markt für soziale Dienstleistungen und sorgen für einen starken Wettbewerbsdruck. Gleichzeitig verlangt der Staat von sozialen Einrichtungen eine Eigenfinanzierung oder zumindest ein an den Maßstäben der Wirtschaftlichkeit ausgerichtetes Management. Dadurch hat sich die Nachfrage nach hoch qualifizierten Führungskräften auch in diesem Bereich erhöht.[36]

Die Suche nach High Potentials wird international

Der starken Nachfrage nach Top-Führungskräften steht eine weltweite Angebotsverknappung gegenüber. Die Suche nach High Potentials – also Fach- und Führungskräften mit überdurchschnittlicher Qualifikation – bekommt eine zunehmend internationale Dimension. Das heißt für hoch qualifizierte Führungskräfte aus Deutschland: Es gibt immer mehr interessante Jobangebote aus aller Welt.[37]

Die Datenbanken
oder: Wer findet wen?

Die meisten Jobbörsen bieten neben Stellenanzeigen auch eine Bewerber-Datenbank an, in der Interessierte ihr Profil anbieten können. In der Tat ist es verführerisch, die eigene Vita als Los in eine virtuelle Trommel einzugeben, aus der es irgendwann von einem Personalverantwortlichen eines tollen Unternehmens herausgezogen werden könnte. Für suchende Unternehmen zeigen diese Datenbanken aber auch einige Schwächen: Viele High Potentials tragen sich gleich in mehrere Datenbanken ein, sind aber schnell wieder ausgebucht. Einige Kandidaten wollen nur ihren Marktwert testen – was bei den Betreibern und bei suchenden Unternehmen natürlich Frustrationen hervorruft. »Die Fluktuation in diesen Communities ist sehr hoch«, bestätigt Wolfgang Doell, Geschäftsführer des Online-Headhunters LeadersOnline.com.[38]

Trotz dieser Schwierigkeiten hat das Angebot der elektronischen Jobbörsen den Personalmarkt kräftig durcheinander gewirbelt. »Ich schätze«, sagt Professor Christoph Beck, der an der FH Koblenz zum Thema »Digitales Personalmanagement« forscht, »dass in zehn Jahren die Vita nahezu jedes Angestellten in einer Datenbank stehen wird. Damit drehen sich Verkäufer- und Käufermarkt im Personalbereich komplett um.« Schon heute nutzen Personalberater bei jedem dritten Suchauftrag die Möglichkeiten der Internet-Recherche, wenn sie potenzielle Kandidaten ausfindig machen wollen. Und in mehr als der Hälfte der Projekte setzten Headhunter auf eine Online-Anzeigensuche.[39]

Aber das ist noch nicht alles. Die nächste Revolution, die hier stattfinden wird, zieht mit dem Schlagwort »Human Resources Net Agent« herauf. »Wir entwickeln Software-Agenten in Form von lernfähigen Programmen. Es sind auf eine gewisse Weise automatische Headhunter, die goldene Nuggets im Netz suchen«, erklärt Dr. Hartmut Runge, Pressesprecher von Siemens für den Bereich Forschung. Diese automatischen Headhunter durchstreifen unterschiedliche Arbeitsmarktbörsen und Datenbanken und schlagen per SMS oder E-Mail Alarm, wenn sie einen geeigneten Bewerber gefunden haben. Der Trick: Aus dem Angebotsprofil und aus dem Bewerberprofil wird eine »intelligente Verknüpfung« erstellt, die Runge zufolge komplexer ist als eine herkömmliche »Ja-Nein-Abfrage« und deshalb genauere Ergebnisse bringt.

Die verschiedenen Instrumente der Personalsuche gehen zur Zeit neue Verbindungen ein und könnten Service-Unternehmen hervorbringen, die alle denkbaren Personal-Dienstleistungen anbieten: von der Personalberatung über Jobbörsen, E-Learning-Angebote und elektronisches Personal-Management bis hin zu Fachbüchern aus dem hauseigenen Verlag. Die meisten Anbieter von Jobsuchmaschinen haben sich bereits zu umfassenden Karriere- und Personalmanagement-Portalen entwickelt und versuchen, ihrer Konkurrenz mit möglichst viel »Service« den Rang abzulaufen – von E-Mails, die den Bewerbern das Eintreffen eines Angebots verkünden, über individuelles Coaching bis hin zu Online-Chats mit Personalverantwortlichen großer Unternehmen. Die Entwicklung ist hier noch lange nicht abgeschlossen. Und dass sich die Anbieter in ihrem erbitterten Kampf um Talente gegenseitig zu toppen versuchen, kann Ihnen ja nur recht sein.

Die Methoden
oder: So funktioniert die Jagd nach Talenten

Ein Projekt beginnt normalerweise damit, dass das Telefon beim Headhunter klingelt: Ein Unternehmen sucht einen Vorstand, eine Managerin, einen Spezialisten, einen Office-Leiter oder eine kompetente, mehrsprachige Sekretärin. Der Ablauf einer Personalsuche erfolgt in zehn Arbeitsschritten, die bei allen Personalberatungen rund um den Globus ähnlich ablaufen.[40]

1. Gespräch mit dem auftraggebenden Unternehmen

Zunächst muss sich der Headhunter ein Bild vom Unternehmen verschaffen und eine Vorstellung davon bekommen, was bzw. wen dieses sucht: In welche Organisationsstruktur ist die zu besetzende Position eingebettet? Welche Aufgaben sind zu bewältigen? Welchen Führungs- und Arbeitsstil pflegt das Unternehmen? Wie sieht die Unternehmenskultur aus? Welche Persönlichkeiten prägen das Umfeld des vakanten Postens? An diesem Punkt kommt es auch häufig vor, dass der Headhunter, egal ob er sich nun als Personalberater, -vermittler oder als Executive Search Consultant definiert, in die Rolle eines Unternehmensberater schlüpft und einige grundsätzliche Fragen klären muss: Gibt es strukturelle Probleme im Unternehmen, die auch eine neue Führungskraft nicht wird lösen können? Hat das Unternehmen unrealistische Vorstellungen über die Höhe des auszuschreibenden Jahreseinkommens? Diese Fragen müssen geklärt sein, bevor man an eine Positionsbeschreibung oder gar an ein Kandidatenprofil denken kann.

2. Bestimmung des Kandidatenprofils

Wenn der Personalberater den Auftrag annimmt, fasst er den Suchauftrag noch einmal schriftlich zusammen: Um welche Firma handelt es sich, welche Funktion ist zu besetzen und welche Entwicklungsmöglichkeiten ergeben sich für den neuen Stelleninhaber? Wie alt soll der Kandidat sein, welche Qualifikation soll er mitbringen und welche berufliche Laufbahn soll er bereits vorweisen können? Dazu kommen die intellektuellen Fähigkeiten, wie analytisches und strategisches Denken. Dann die so genannten Soft Skills: die Fähigkeit partnerschaftlich in einem Team zu arbeiten, Empathie für Kunden, Kollegen und unterstellte Mitarbeiter zu entwickeln, Menschen zu führen. Auch unternehmerisches Denken zählt dazu. Und nicht zuletzt müssen die Wertvorstellungen des Kandidaten mit denen des Unternehmens optimal zusammenpassen.

3. Skizzierung der Suchstrategie: »Ident« und »Reserach«

Angenommen, das Unternehmen möchte kein Stellenangebot in einer überregionalen Tageszeitung schalten, sondern wünscht sich einen ziemlich »maßgeschneiderten Kandidaten«. Am besten einen, den man direkt aus der Arbeitswelt in die eigene Unternehmenswelt umpflanzen kann.
Dies ist die heikelste und die vielleicht spannendste Phase des Prozesses. Hier zeigt die Personalberatungsfirma, was sie kann. Sie braucht einen guten Headhunter und gute Researcher. Die erste Suchaktion wird zumeist nicht von dem Headhunter selbst durchgeführt, sondern von den »Researchern« im Office.
Zunächst wird eine Liste von Zielfirmen zusammengestellt (im Fachjargon »Targetliste«), in denen die Office-Kollegen des Headhunters nach geeigneten Kandidaten fahnden sollen. Das geschieht mit Hilfe von Branchenbüchern und Verzeichnissen von Verbandsmitgliedern, aber auch in Absprache mit dem auftraggebenden Unternehmen. Hierbei werden zum Beispiel auch Firmen ausgeklammert, bei denen auf keinen Fall gesucht werden darf: so genannte »Offlimit«-Unternehmen sind zumeist Kunden des Headhunters. Es ist nahe liegend, dass er nicht für seinen Kunden A im Management des Kunden B wildern kann – das würde seine Seriosität erheblich untergraben (soll aber doch leider manchmal vorkommen).
Außerdem stellt der Researcher eine Liste von Branchen-Insidern (so genannte »Sources«) zusammen, die ihm gezielt Namen von Fach- und Führungskräften geben können und außerdem noch etwas über deren Alter, Qualifikation, Werdegang und Persönlichkeit sagen können.
Jetzt geht es darum, potenziell geeignete Kandidaten zu identifizieren (»Ident«) und dann möglichst viele Informationen über sie zu sammeln (»Research«). Researcher sind zumeist sehr erfahrene Leute, die Branchenbücher und Fachmagazine wälzen, die Homepages von Unternehmen im Internet durchstöbern und sich mit allerlei Tricks und Geschichten an den Telefonzentralen der Unternehmen vorbeimogeln, um möglichst viele potenzielle Kandidaten zu identifizieren (vgl. Praxisberichte, Interview mit D. Hartmann S. 77ff.). Leider gibt es auch Personalberatungsfirmen, die im Bereich Research mit unerfahrenen Leuten arbeiten, mit Aushilfs- oder

Teilzeitkräften, die am Telefon weniger geschickt vorgehen, dann natürlich auffliegen und damit der gesamten Branche Schaden zufügen.
Wichtig für Sie als Bewerber: Wenn Sie von einem Journalisten, dem Assistenten eines Professors, einem Mitarbeiter der Poststelle oder von einem verschollenen Studienkollegen angerufen werden und Ihnen die Sache irgendwie komisch vorkommt – bleiben Sie auf jeden Fall höflich und verbindlich und versuchen Sie nicht, den Anrufer zu enttarnen! Es könnte ein Researcher sein, der sich als solcher nicht zu erkennen geben will oder darf! Natürlich sollten Sie bei solchen Anrufen keine vertraulichen Informationen herausgeben – das würde sogar ein schlechtes Licht auf Sie werfen. Aber: Auch wenn Sie momentan keinen neuen Job suchen – es kann nicht schaden, in der Kartei eines Personalberaters zu stehen. Wenn dann etwas später der Headhunter Sie persönlich kontaktiert, können Sie sich immer noch von der Seriosität seines Unternehmens überzeugen.

4. Headhunter-Anrufe im Unternehmen

Steht die Liste der anzusprechenden Kandidaten fest, folgen die berüchtigten Headhunter-Anrufe aus heiterem Himmel. Diese Methode nennt man »Cold Search« – sie basiert auf einer systematischen Marktuntersuchung und erwischt sozusagen die Kandidaten kalt. Wer am Telefon einen guten Eindruck macht und den festgelegten Rahmenbedingungen entspricht, wird zu einem persönlichen Vorstellungsgespräch eingeladen. Entweder findet es im Hause des Executive Search Consultants statt oder an einem neutralen Ort, wie etwa einer Hotelhalle oder an einem Flughafen.
Wenn der »kalt« angerufene Kandidat an der Stelle nicht interessiert ist, versuchen Headhunter, ihn geradewegs in eine »Source« zu verwandeln. Diese »Quelle« sind Insider, die über wertvolle Informationen über die Perspektiven, Umbrüche und Krisen ihres Unternehmens verfügen, die über die Entwicklung ihrer Branche Bescheid wissen und – im besten Fall – in der Lage sind, viel versprechende Kandidaten mit Rang und Namen zu benennen.
Übrigens: Branchenkenner sehen als sehr gute »Source« Personen, die das

Unternehmen vor einem halben bis einem Jahr verlassen haben, also noch über entsprechend aktuelle Hintergrundinformationen verfügen, aber – und das ist das Entscheidende: sich ihrem ehemaligen Arbeitgeber nicht mehr verpflichtet fühlen. Ganz unproblematisch sind diese Personen natürlich nicht, weil sie möglicherweise versuchen, persönliche Feinde aus dem Weg zu räumen oder sich für alte Kränkungen rächen wollen.

Schwierig ist auch die Situation, wenn ein »kalt« angerufener Kandidat nach Einschätzung des Headhunters für die zu besetzende Position nicht geeignet ist, sich aber brennend dafür interessiert. Um ihn zur »Source« zu machen, bleibt dem Headhunter nichts anderes übrig, als ihm seine eigene Absage rhetorisch höchst geschickt unterzuschieben.

Neben der »kalten« Methode gibt es auch noch eine »Warm Search«: das vertrauliche Gespräch mit Branchenkennern, die dem Headhunter gut bekannt sind oder die ihm sogar verpflichtet sind – zum Beispiel, weil der Headhunter sie bei einem entscheidenden Karriereschritt unterstützt hat.

Als das Allerheiligste eines Headhunter-Büros gilt sowieso seine »Kartei« (selbstverständlich heutzutage elektronisch). Eine gut gepflegte Kartei ist das A und O des Headhunters. Vor allem heute, in einer Zeit der schnellen Jobwechsel, in der sich die Profile, Positionen, Ziele und – ganz banal – auch die Privatadressen der Kandidaten so häufig ändern. Aber bei aller Datenpflege: Eine solche Kartei kann niemals hundertprozentig aktuell sein und natürlich auch die gezielte Suche nie ersetzen. Personalberater Dieter Rickert (lesen Sie mehr über ihn auf S.114ff.) bringt es auf den Punkt: »Einer der Irrtümer über unser Geschäft ist, dass ein Headhunter so gut ist wie seine Kartei. Natürlich habe ich auch eine Adressenkartei von allen interessanten Menschen, mit denen ich jemals zu tun hatte und die in Zukunft bei einer Suchaktion hilfreich sein könnten. (…) Unsere Profession heißt aber nicht umsonst Executive Search – also Suche. Die Kartei hilft bei der Suche, aber Sie suchen nicht in der Kartei.«[42]

Für Sie als angerufener Kandidat gilt: Bleiben Sie cool, bleiben Sie freundlich und seien Sie verbindlich. Lassen Sie Ihre Begeisterung (»Hurra, endlich ein Headhunter! Ich bin entdeckt!«) nicht durchblicken. Vereinbaren Sie einen Termin für ein telefonisches Interview, bei dem Sie ungestört reden können, am Abend oder am Wochenende (mehr dazu unter »Direktansprache: So (re)agieren Sie souverän(er)«, ab S. 57).

5. Gespräche mit den Kandidaten

Das Vorstellungsgespräch beim Headhunter unterscheidet sich in einem ganz erheblichen Punkt von einem herkömmlichen Vorstellungsgespräch im Unternehmen: Die Rollen sind ganz anders verteilt. Ihr Gesprächspartner ist ein Mittelsmann, der zuerst einmal kurz erklärt, um welches Unternehmen und um welche Position es sich handelt. Er hat eine klar neutralere Sicht auf das suchende Unternehmen als der dort zuständige Personalmanager.
Der Headhunter tritt Ihnen als Geschäftspartner gegenüber. Letztendlich lautet für ihn die Frage: Können wir beide gemeinsam mit dem Unternehmen als Drittem im Bunde einen erfolgreichen Deal machen? Dabei geht es nicht darum, Sie auf Biegen und Brechen in ein Unternehmen zu schieben (schließlich bekommt er sein volles Honorar nur, wenn Sie die Probezeit überstehen), sondern er versucht, eine für jede Seite optimale Lösung finden. Im Zweifelsfall kann er Ihnen jedoch Informationen über andere Unternehmen der Branche geben, die für Sie vielleicht interessanter sein könnten. Und er wird sich nach dem Gespräch Notizen machen, Sie also in seinem »Gedächtnis« einspeichern.

6. Auswahl der Kandidaten

Wenn er genug Gespräche geführt hat, zieht der Personalberater Bilanz und stellt eine Gruppe der Kandidaten zusammen, die in die engere Wahl kommen. Branchenkennern zufolge ist das nicht einfach: Ein Kandidat ist überqualifiziert; der nächste ist zwar ein gesuchter Querdenker, aber doch zu eigenwillig; ein anderer will nicht umziehen; ein vierter will mehr Gehalt als angeboten; und ein fünfter hat eine einjährige Kündigungsfrist. Der Berater trifft eine Auswahl und bereitet die Gesprächsrunde bei seinem Kunden vor.

Vorsicht! Für Sie als Bewerber lauert hier eine Falle: Weniger seriöse Headhunter präsentieren ihrem Kunden häufig nur einen einzigen passenden Kandidaten und stellen diesem eine Corona an unterqualifizierten oder aus anderen Gründen unpassenden Kandidaten zur Seite: so genannte »Dummies«. Sie sind diesem Geschäftsgebaren aber nicht hilflos ausgeliefert: Lassen Sie sich von dem Personalberater das Suchprofil detailliert erklären. Dann erkennen Sie selbst, ob Sie den gewünschten Kriterien wirklich entsprechen oder nicht.

7. Einholen von Referenzen

Um sicher zu gehen, dass er mit seiner Vorauswahl richtig liegt, führt der Personalberater zumeist ein »Referenzverfahren« durch: Er fragt ehemalige Vorgesetzte, Kollegen und – bisweilen nicht auszuschließen – eventuell auch unterstellte Mitarbeiter nach ihren Eindrücken und Erfahrungen mit dem ins Visier genommenen Kandidaten. Diese Personen werden vor allem nach der Persönlichkeit und Leistungsfähigkeit des Kandidaten befragt – allerdings nicht (immer) hinter seinem Rücken! Eine der wichtigsten Regeln der Branche (auch hier: keine Regel ohne Ausnahme) lautet: Sämtliche Referenzgeber werden mit dem Kandidaten abgestimmt.
Wenn danach Unstimmigkeiten in der Einschätzung des Kandidaten auftreten, müssen diese gezielt analysiert werden. Deshalb wird dieses Referenzverfahren in den meisten Fällen erst nach den Gesprächen eingeleitet und auch nur bei denjenigen Kandidaten, die wirklich in Frage kommen und ernsthaftes Interesse bekunden. Denn auch der Personenkreis der Referenzgeber birgt ein Risiko: Sie schöpfen Verdacht bezüglich der Wechselabsicht des Kandidaten und könnten dies an unpassender Stelle ausplaudern.
Wenn Sie in Kontakt mit Headhuntern stehen, sollten Sie darauf achten, nur in den wirklich wichtigen Fällen hochrangige Manager um eine Referenz zu bitten. Denn wenn Sie deren Großzügigkeit zu oft beanspruchen, ermüden sie irgendwann. Im entscheidenden Augenblick sind sie dann nicht mehr bereit oder nicht mehr so richtig engagiert, Auskunft über Sie

zu geben. Und übrigens: Versuchen Sie nicht, Referenzen zu »faken«. Sie könnten ziemlich leicht auffliegen.

8. Präsentation der Kandidaten

Bei der Vorauswahl überprüft der Headhunter nicht nur Ihre Qualität, sondern auch Ihre »Standfestigkeit«. Denn falls Sie vor dem Kunden »versagen«, blamieren Sie nicht nur sich selbst, sondern auch ihn. Ist der Headhunter schließlich rundum von seinen ausgewählten Kandidaten überzeugt, dann präsentiert er seinem Kunden in der Regel zwei bis vier Kandidaten. Dies kann im suchenden Unternehmen, manchmal aber auch in seinen eigenen Räumen stattfinden. Im Gespräch selbst übernimmt er die Rolle des Moderators. Bisweilen greift er aber auch gar nicht in die erste direkte Kommunikation zwischen dem Unternehmensvertreter und dem Bewerber ein.
Am Ende der ersten Gesprächsrunde bleiben ein oder zwei Kandidaten in der wirklich engeren Wahl, die anderen scheiden aus. Dann wird eine zweite Gesprächsrunde eingeläutet, an der manchmal auch der nächsthöhere Vorgesetzte, der Geschäftsführer oder ein Mitglied des Aufsichtsrats teilnimmt.
Für Sie gilt: Präsentieren Sie sich möglichst souverän, und zwar am besten so, wie Sie sich auch im Gespräch mit dem Headhunter gezeigt haben. Denn aufgrund dieses Eindrucks hat er Sie vorgeschlagen. Zugegeben, dies ist leichter gesagt als getan. Selbst wirklich hochkarätige, absolut gestandene Manager verspüren nicht selten eine Aufgeregtheit, die sich nicht immer zu ihrem Vorteil ausnimmt. Deshalb ist es ganz wichtig, dass Sie sich mit dieser Form des Lampenfiebers oder in schwereren Fällen mit dieser Art von Prüfungsangst vorab aktiv auseinander setzen.

9. Optional: Begleiten der Vertragsverhandlung

Wenn der engere Kreis der ausgewählten Kandidaten feststeht, geht es in die Vertragsverhandlung: Wie hoch ist das Einkommen? Aus welchen festen und welchen variablen Bestandteilen setzt es sich zusammen? Gibt es einen Dienstwagen? Wird der Umzug bezahlt?

Nicht alle Personalberater begleiten diesen Schritt. Diejenigen, die es tun, betrachten sich als Mediatoren, die aus einer neutralen Rolle heraus für einen Ausgleich der divergierenden Interessen sorgen können. Im Grunde genommen haben aber auch Headhunter ein nicht uneigennütziges Interesse daran, dass am Ende dieser Runde ein von beiden Seiten unterzeichneter Vertrag auf dem Tisch liegt. Denn wenn die Verhandlung platzt, müssen sie einen neuen Kandidaten suchen. Andernfalls dürfen sie an die Erstellung ihrer Honorarrechnung denken. Es versteht sich von selbst, dass sie dies viel lieber tun.

10. Optional: Unterstützung der Integration im Unternehmen

In den meisten Fällen bekommt der Headhunter nur dann sein Honorar, wenn der Kandidat während der Probezeit nicht abspringt. Tut er es doch, muss er einen neuen Kandidaten finden. Aus diesem Grund ist der Berater natürlich daran interessiert, dass sich der neu platzierte Manager möglichst gut in sein Umfeld einfindet. Viele Headhunter bieten deshalb – durchaus auch aus eigenem Interesse – eine Begleitung während der ersten 100 Tage im neuen Job an. Dieses Angebot machen zwar nicht alle Personalberater, aber die meisten erkundigen sich zumindest einige Male, wie es Ihnen in der neuen Umgebung geht. Aber auch für Sie kann es von Vorteil sein, auch weiterhin den Kontakt zu ihm zu halten: Wer weiß, wann Sie wieder einen Headhunter brauchen.

Die Direktansprache
oder: So (re)agieren Sie souverän(er)

»Indem Headhunter nicht an der zur Schau getragenen, polierten Oberfläche der Unternehmen kratzen, sondern im Gegenteil den Wunschtraum des von fachlich wie sozial überaus kompetenten Managern rational und zugleich mit hoher Verantwortung gegenüber Mitarbeitern und Gesellschaft geführten Unternehmens als Realität ausgeben, verklären sie ein Managerbild, das ihren Auftraggebern sehr gefällt. Deshalb führen sie ihren Klienten nur solche Kandidaten vor, die mit den erwarteten Klischees am überzeugendsten spielen können. So reproduzieren Headhunter immer nur bereits vorhandenes Führungspersonal in den Firmen und stärken damit deren Autoimmunsystem gegen Veränderungen.«[43]
Was Wirtschaftspublizist Peter Derschka als harsche Kritik an der Personalpolitik der Unternehmen formuliert hat, ist für Sie als Bewerber ein handfester Tipp: Spielen Sie! Erfüllen Sie mit Haut und Haar die Rolle des souveränen Managers oder Spezialisten! Bedienen Sie die Erwartungen der Entscheider. Das funktioniert langfristig gesehen natürlich nur, wenn Sie auch wirklich kompetent sind. Aber Ihr Auftreten können und sollten Sie kontrolliert und der Situation angemessen auf die Erwartungen Ihrer Beurteiler anpassen. Dies fängt schon bei der Reaktion auf den Anruf des Headhunters an.

Der Anruf: »Können Sie frei sprechen?«

Wenn ein Headhunter bei Ihnen anruft, könnte das zum Beispiel so klingen: »Als Personalberater suche ich für einen international operierenden Automobilkonzern einen Personalmanager. Sie sind zur Zeit in einer ähnlichen Position. Sehen Sie eine Möglichkeit, mir behilflich zu sein? Können Sie einen Moment frei sprechen oder darf ich Sie zu einem späteren Zeitpunkt noch einmal kontaktieren?«
Mit der Formulierung »Können Sie mir helfen?« schlägt der freundliche Anrufer zwei Fliegen mit einer Klappe: Er spricht Sie als potenziellen Kan-

didaten und zugleich als »Source« an. Welche Rolle Sie in Ihrer Reaktion dann einnehmen, liegt ganz bei Ihnen.

Ausrufe wie »Woher haben Sie denn meine Adresse?« oder »Schön, dass Sie mich endlich anrufen!« sollten Sie sich verkneifen. Denn damit outen Sie sich als absolutes Greenhorn. Gehen Sie davon aus, dass der Headhunter nur wenig detaillierte Informationen über Sie besitzt. Vereinbaren Sie am besten einen Termin für ein telefonisches Interview, bei dem Sie ungestört sind: am Abend oder am Wochenende. Headhunter sind darauf eingerichtet, vor allem dann zu arbeiten, wenn andere sich erholen.

Marketing in eigener Sache, von Anfang an

In einem ersten telefonischen Interview versucht der Headhunter zu klären, ob Ihr Profil mit dem gesuchten übereinstimmt. Hier sollten Sie weder wichtigtuerisch noch geheimnisvoll tun. Es geht um Fakten und um Ihr berufliches Profil. Plaudern Sie also keine Interna aus, sondern bleiben Sie nüchtern bei Ihren Qualifikationen. Was haben Sie zu bieten? Meistens werden Sie die folgenden Fragen hören:

- Wie alt sind Sie?
- Wie sehen Ihre Qualifikationen und Erfahrungen aus?
- Welche Position haben Sie zur Zeit inne?
- Was würden Sie sich von einer beruflichen Veränderung versprechen?

Sagen Sie ruhig auch, was sie verdienen (mein Jahresbruttoeinkommen liegt bei … Hinzu kommen Sonderzahlungen, Tantiemen, Leistungsprämien etc. Das ergibt insgesamt eine Summe von rund … Ich habe zusätzlich [Dienstwagen, Altersversorgung etc.]) und was Sie zukünftig verdienen wollen (ein Gehaltssprung von 20 bis 30 Prozent gilt unter diesen Profis als normal).

Achtung: Wenn Sie hier zu sehr flunkern, tun Sie sich keinen Gefallen: Alle Daten werden überprüft, und wenn es auffliegt, dass Sie deutlich falsche Angaben gemacht und nicht nur »ein klein wenig aufgerundet« haben, fällt das nicht nur auf Sie, sondern auch auf Ihren Headhunter zurück. Und der wird Ihnen mit Sicherheit kein Angebot mehr unterbreiten. Sie wissen ja: Jede Branche ist ein Dorf, und es spricht sich alles schnell herum, vor allem natürlich Negatives ...

Ihr tatsächliches Einkommen steht übrigens auch auf Ihrer Lohnsteuerkarte, die Sie bei Ihrem neuen Arbeitgeber, wenn Sie innerhalb des Kalenderjahres wechseln, abgeben müssen. Ein Arbeitsplatzwechsel zum Jahresanfang erspart Ihnen diese »Überprüfung«. Aber ein konkretes Gehaltsangebot wird Ihnen der Headhunter am Telefon ohnehin nicht unterbreiten – das ist erst Thema beim ersten persönlichen Vorstellungs- und Kennlerngespräch mit ihm.

Zeigen Sie sich von Ihrer besten Seite

Am besten kommen Sie an, wenn Sie sich offen und kooperativ verhalten. Aber Vorsicht: das heißt nicht schnell verführbar und allzu wechselbereit. Diesen Eindruck sollten Sie vermeiden. Natürlich ist es Ihr gutes Recht, sich von Ihrer besten, von Ihrer Schokoladenseite zu zeigen und sich richtig gut zu verkaufen. Fachsimpeln Sie ruhig ein bisschen über die Lage Ihrer Branche! Wer schon im ersten Telefongespräch brilliert, hat gleich bessere Karten. Hier ist allerdings auch Fingerspitzengefühl gefragt: Wer zu sehr auf die Tube drückt und sich selbst über den grünen Klee lobt, gilt als eher instabil.

Wenn Sie sich übrigens relativ schnell sicher sind, dass die angebotene Position für Sie nicht interessant ist – vielleicht haben Sie nicht die richtige Qualifikation, vielleicht interessiert Sie die Branche nicht oder Sie haben keine Lust, samt Familie an den Standort des Unternehmens umzuziehen – sagen Sie es offen! Sonst lassen Sie den Headhunter mit viel Aufwand eine falsche Spur verfolgen, was ihn natürlich nicht gerade freundlich stimmen wird. Und wer weiß, vielleicht kann er Ihnen ja – eventuell auch später mal – einen anderen Job vermitteln?

Seien Sie loyal gegenüber Ihrem jetzigen Arbeitgeber

Sprechen Sie ruhig offen über sich selbst, aber plaudern Sie keinesfalls Interna und Betriebsgeheimnisse aus. Dazu können auch Details ihrer derzeitigen Tätigkeit gehören. So stolz Sie darauf auch sein mögen, reden Sie lieber nicht darüber. Das Organigramm Ihres Unternehmens sollten Sie dem Headhunter ebenfalls nicht erklären (oder gar faxen!) und auch in diesem ersten Gespräch noch keine Namen nennen. Wenn Sie meinen, einen Ihrer Kollegen könnte ein bestimmtes Job-Angebot interessieren, so geben sie diesem die Telefonnummer des Headhunters weiter und nicht umgekehrt.
Achtung: In Einzelfällen prüfen Unternehmen die Loyalität ihrer Mitarbeiter mit fingierten Headhunter-Anrufen. Seien Sie also auch darauf gefasst und zeigen Sie sich in jedem Fall loyal gegenüber Ihrem Arbeitgeber.

Akzeptieren Sie die Spielregeln

Wenn der Headhunter Ihnen deutlich zu verstehen gibt, dass Sie nicht der richtige Mann oder die richtige Frau sind – fangen Sie dann nicht an, sich aufzudrängen, zu nörgeln oder ungebeten Ihre Unterlagen zuzuschicken. Akzeptieren Sie die Situation einfach. Der Headhunter hat lediglich daneben gezielt. Das mindert in keiner Weise Ihre Qualifikationen. Wenn Sie es schaffen, sich mit Esprit und professionellem Auftreten im Gedächtnis Ihres Gesprächspartners zu verankern, haben Sie schon mal einen Stein im Brett. Und vielleicht haben Sie (und der Headhunter) ja beim nächsten Mal mehr Glück.
Und noch etwas: Versuchen Sie auf keinen Fall, schon am Telefon den Namen des auftraggebenden Unternehmens herauszubekommen. Der Headhunter wird ihnen diese Information erst im persönlichen Gespräch geben. Penetrantes Bohren zeigt nur, dass Sie sich mit den Gepflogenheiten nicht auskennen. Und das spricht eher gegen Sie.

An dieser Stelle dürfen Sie bohren

Sie sollten auf jeden Fall an einer anderen Stelle bohren: Fragen Sie den Headhunter nach der Gesellschaft, für die er arbeitet. Prägen Sie sich bitte die Top Twenty der Branche (vgl. S. 36f.) ein. Wenn Ihnen der Name nichts sagt, fragen Sie, wie groß die Gesellschaft ist und in welchen Verbänden dieses Unternehmen Mitglied ist. Auch über den BDU und den VDSB können Sie Informationen über ihre Mitglieder erfahren. Fragen Sie auch nach der Kundenstruktur und eventuellen Spezialisierungen (Branchenschwerpunkt etc.). So bekommen Sie heraus, ob Sie es mit einem seriösen Headhunter zu tun haben. Wenn es sich um eine kleine Beratungsgesellschaft handelt, lassen Sie sich die Internetadresse geben und verschaffen Sie sich einen Eindruck vom Webauftritt. Wenn Sie hier ein selbst gezimmertes, blinkendes Sammelsurium vorfinden, sollten Sie sich die Sache mit dem Telefonat am Abend noch einmal überlegen!

Werden Sie nicht übermütig

Wenn Sie schließlich zu einem persönlichen Gespräch eingeladen werden, sollten Sie sich nicht »feiern« lassen. Zeigen Sie Ihren guten Willen und Ihr Engagement, indem Sie flexibel auf Terminvorschläge reagieren. Der Headhunter wird Sie nicht auf dem Silbertablett und über einen roten Teppich zu Ihrem neuen Posten tragen!
Denken Sie auch daran, dass Sie mit der Einladung zum Gespräch noch lange nicht den neuen Job haben. Widerstehen Sie also der Versuchung, sich bereits innerlich von Ihrem jetzigen Arbeitsplatz zu verabschieden oder vor Ihren Kollegen zu prahlen. Wenn das Angebot platzt, ist Ihnen die Häme der anderen sicher.

Bleiben Sie in Verbindung

Personalberater brauchen laut BDU etwa zehn Wochen, bis sie einen Suchauftrag gelöst haben. Während dieser Zeit können Sie ruhig nachfragen, wie Ihre Chancen stehen. Aber drängen Sie nicht zu sehr. Er wird sich schon melden, wenn er an Ihnen wirklich interessiert ist. Und wenn Sie aus dem Rennen ausscheiden: Halten Sie trotzdem Kontakt und informieren Sie den Headhunter regelmäßig über Ihr berufliches Fortkommen. So bleiben Sie in Erinnerung und sind vielleicht später Kandidat Nummer eins, wenn es um die Besetzung einer Top-Position geht.

Rufen Sie den Headhunter an! oder: Umgekehrt funktioniert's auch

Vielleicht sind Sie noch nie von einem Headhunter angerufen worden, wissen aber, dass Sie als Führungskraft kompetent oder außergewöhnlich spezialisiert sind. Vielleicht arbeiten Sie auch in einer gefragten Branche oder in einer für die Personalberatungen interessanten Hierarchieebene: Dann sollten Sie überlegen, ob Sie sich nicht selbst einmal bei einem Headhunter melden.

Verschaffen Sie sich einen Marktüberblick

Nicht jeder Headhunter ist kompetent für Ihre Belange: Die meisten sind auf eine bestimmte Branche oder eine bestimmte Hierarchieebene spezialisiert. Das gilt auch für große Personalberatungsunternehmen, die alle Branchen abdecken. Hier gibt es intern zumeist spezialisierte Fachleute. Finden Sie heraus, an wen Sie sich wenden können, indem Sie sich die Internetseiten der Beratungen anschauen. Die meisten beschreiben sehr genau, für wen und wie sie arbeiten.
Um sicherzugehen, dass Sie sich in gute Hände begeben, schauen Sie am besten zunächst die Mitgliederverzeichnisse der etablierten Personalbera-

tungsverbände durch: BDU (Bund Deutscher Unternehmensberater) oder VDESB (Vereinigung Deutscher Executive-Search-Berater). Es kann aber durchaus auch kleine Beratungsfirmen geben, die nicht Mitglied dieser Vereinigungen sind und trotzdem gute Arbeit leisten. Versuchen Sie einfach, möglichst viel über den anvisierten Headhunter herauszubekommen, über seine Kunden und seine Kontakte.

Greifen Sie zum Telefon!

Wenn Sie sich für ein Unternehmen oder einen speziellen Mitarbeiter entschieden haben, rufen Sie im Sekretariat an. Sagen Sie kurz, um was es geht, und fragen Sie, ob Sie Berater XY sprechen können. Wenn Sie Glück haben, bekommen Sie den Headhunter sofort an den Apparat. (Wenn Sie ihn nicht gleich sprechen können und stattdessen mit einem Researcher verbunden werden: Auch dies ist ein guter erster Anfang.) Fassen Sie kurz Ihr Anliegen zusammen, beschreiben Sie Ihr Profil, Ihre Qualifikationen und Ihr berufliches Ziel.

Wenn Sie für das Unternehmen interessant sind, wird man Sie bitten, Ihren Lebenslauf und weitere Unterlagen zu schicken. Das sollten Sie auch umgehend tun. Senden Sie auf keinen Fall irgendwelche schludrig zusammengeschusterten Mappen oder, schlimmer noch, E-Mails mit wüsten Attachments. Arbeiten Sie am besten einen Lebenslauf aus, der Ihren beruflichen Werdegang, Ihre Qualifikationen, Stärken und Ziele so zeigt, dass Sie in den Augen des Beraters ein deutliches Profil bekommen. »Bewerbung« hat schließlich etwas mit »Werbung« zu tun. Und die funktioniert auch nur, wenn sie mit markanten Kernaussagen arbeitet. Niemand macht sich die Mühe, sich durch unübersichtliche »Romane« zu quälen. Hierfür gibt es übrigens gute Vorlagen (Hesse/Schrader: *Praxismappe für die perfekte schriftliche Bewerbung*), denn aus dem Stand kann man keine überzeugende Bewerbungsmappe zusammenstellen. Diese Mühe sollten Sie sich und Ihrer Eigenwerbung wert sein.

Übrigens: Erliegen Sie auch nicht der Versuchung, Ihre jetzige Position mit wohl klingenden englischen Titeln zu beschreiben (»Commercial Director« etc.). Im ungünstigsten Fall versteht dann nämlich keiner, was Sie eigentlich beruflich tun, und Sie landen bei den Karteileichen.

Vielleicht sind Sie auch so interessant, dass der Headhunter Sie gleich beim ersten Telefonat zu einem persönlichen Gespräch einlädt? Das kann natürlich auch vorkommen. In der Regel führen Personalberater aber keine Gespräche einfach nur, um jemanden kennen zu lernen. Sollten sie es doch einmal tun (wirklich höchst selten), fühlen Sie sich ruhig geschmeichelt – aber erwarten Sie nicht, dass Ihnen in den nächsten Tagen ein Angebot zugeht.

Pflegen Sie den Kontakt

Konnten Sie den Headhunter für sich interessieren? Hat er Sie in seine Kartei aufgenommen? Herzlichen Glückwunsch. Aber damit fängt Ihre Arbeit erst an. Denn von nun an müssen Sie sich regelmäßig in Erinnerung bringen. Spätestens jedes halbe Jahr, manche Brancheninsider meinen sogar, jedes Quartal. Schicken Sie dann einen kurzen Brief oder eine E-Mail, worin Sie über Ihre berufliche Entwicklung berichten. Erwähnen Sie auch, dass Sie sich weiterhin über Angebote freuen würden. Und: Halten Sie Ihren Headhunter auf dem Laufenden, wie Sie erreichbar sind.

Besser bunter Hund als graue Maus oder: So fallen Sie dem Headhunter auf

Angenommen, Sie finden es ehrenrührig, einen Headhunter von sich aus anzurufen, wollen aber trotzdem gern auf den Radarschirm einer Personalberatungsfirma kommen. Wie das geht? Ganz einfach: Hinterlassen Sie Spuren und werden Sie öffentlich! Fallen Sie auf und machen Sie sich auffindbar! Wie und wo Sie Spuren hinterlassen sollten, zeigen Ihnen die nachfolgenden Punkte.

Internet

Das Internet bietet Ihnen zahlreiche Möglichkeiten, namentlich aufzutreten: Sie können zum Beispiel Ihren jetzigen Arbeitgeber dazu bringen, Sie in irgendeiner Form auf der firmeneigenen Homepage erscheinen zu lassen. Vielleicht hat Ihre Abteilung ein tolles Projekt abgeschlossen? Oder Sie haben die Verantwortung für einen neuen Bereich übernommen? Sobald Ihr Name im Web erscheint, sind Sie für Researcher zu finden.

Sie können aber auch eine eigene Homepage aufbauen, auf der Sie Ihren Werdegang, Ihre Qualifikationen und Ihr berufliches Ziel formulieren. Natürlich müssen Sie dabei aufpassen, dass Ihr momentaner Arbeitgeber keinen Verdacht schöpft!

Oder Sie tragen sich in einer Expertendatenbank ein, in der Sie Ihre Expertise zu einem bestimmten Thema der Öffentlichkeit zugänglich machen (z.B. über www.competence-site.de). Vielleicht werden Sie über diesen Weg von einem Journalisten ausfindig gemacht, geben ein Kurzinterview zu einem bestimmten Fachthema und sind so für Researcher zu finden. Und damit wären wir schon beim nächsten Thema.

Fachzeitschriften

Veröffentlichen Sie Fachbeiträge in Fachzeitschriften oder in Tageszeitungen. Sehen Sie zu, dass Ihr Name dort möglichst häufig erscheint. Achten Sie darauf, dass in Ihren Beiträgen nicht nur Intelligentes zur Sache steht, sondern auch Informationen über Sie als Person.

Der kleinste Schritt in diese Richtung geht mit Hilfe eines Leserbriefes. Gibt es einen speziellen Fachbeitrag und können Sie dazu etwas Interessantes mitteilen, vielleicht sogar gut begründet einen anderen Standpunkt einnehmen, bietet sich diese Form der Veröffentlichung an. Unterschätzen Sie nicht die Wirkung von Leserbriefen, gerade in der Fachpresse. Diesem Medium wird mehr Aufmerksamkeit gewidmet, als sich viele vorstellen können.

Datenbanken

Die meisten elektronischen Jobbörsen bieten Kandidaten an, sich in »Pools« aufnehmen zu lassen. Das bringt doppelten Nutzen, denn in diese Pools schauen nicht nur die Betreiber, wenn sie einen Suchauftrag bekommen. Viele Jobbörsen sind auch Kooperationen mit Personalberatungsfirmen eingegangen und erlauben diesen, sich regelmäßig die Kandidatenprofile anzuschauen. Achten Sie auch in diesem Fall darauf, dass Sie Ihr Profil in eine Datenbank einstellen, die auf Ihre Branche und/oder Ihre Position spezialisiert ist.

Vorträge

Halten Sie Vorträge, so oft Sie können. Fachkongresse und Tagungen gibt es genug. Bewerben Sie sich als Redner oder als Workshop-Leiter. Dies führt dazu, dass Ihr Name in allen Print- und Online-Publikationen der Branche auftaucht. Und vielleicht sitzt ja auch der eine oder andere Headhunter im Publikum oder studiert später die Themen und die Referenten.

Verbände

Auch wenn es etwas Geld kostet: Organisieren Sie sich in Verbänden oder Vereinen, die für Ihren Beruf typisch sind. Übernehmen Sie Posten, leiten Sie Projekte, machen Sie möglichst viel Wind und lernen Sie so viele bedeutende Leute kennen, wie Sie können. Diese Art der Verbindungspflege ist in den USA übrigens viel weiter verbreitet als hier (auch »Wohltätigkeit« wird dort ganz groß geschrieben) und nennt sich: Networking. Es mag manchmal auch lästig sein, weil etliche Feierabende betroffen sind. Aber seien Sie sicher: Für Ihre Karriere lohnt es sich.

Freizeitverhalten

Tauchen Sie dort auf, wo die für Sie wichtigen Entscheider Ihre Freizeit verbringen. Das wird in den meisten Fällen nicht der örtliche Turnverein oder die Kleingartenkolonie sein – auch wenn das Ihre Hobbys sein sollten. Es ist ein wirklich alter Hut: Aber wenn Sie dem Golfen, dem Tennis oder Theater- und Konzertbesuchen irgendetwas abgewinnen können – gehen Sie hin. Alles nach der Devise: Sehen und gesehen werden und mit den richtigen Leuten ins Gespräch kommen.

Wenn Personalberatungsunternehmen Anzeigen schalten oder: So bewerben Sie sich richtig

Zu der Servicepalette der Personalberatungsbranche gehört auch das Schalten von Stellenanzeigen, ganz klassisch, in der Samstagsausgabe der F.A.Z., oder auch modern, in Online-Jobbörsen. In den meisten Fällen wird das suchende Unternehmen nicht genannt, sondern lediglich umschrieben (»international operierende Aktiengesellschaft im Bereich Pharmazie«). Manchmal wird die Firma aber auch gleich namentlich vorgestellt, und die Personalberater übernehmen die Aufgabe der Vorselektion. Die Unternehmen wenden sich vor allem an Personalberatungsgesellschaften, wenn es um die Besetzung einer verantwortungsvolleren Position geht. Die Vorteile der Zeitersparnis und Kompetenzausnutzung sind den auftraggebenden Unternehmen circa ein Drittel des Jahreseinkommens der zu besetzenden Stelle wert. Damit liegen sie deutlich unter den Kosten, die dem Unternehmen entstünden, wenn es dies in Eigenregie machen würde, so jedenfalls die Hauptargumente der Beraterbranche. Hinzu kommt der Aspekt der Verantwortungsverschiebung, den wir schon eingangs beleuchtet hatten.
Wer sich auf ein Inserat einer Personalberatungsgesellschaft bewirbt, ist sozusagen auf dem Weg »in das Vorzimmer«. Häufig wird in der Anzeige der Interessent, der wechselwillige Kandidat, gebeten, zunächst ganz unverbindlich und unkompliziert telefonischen Kontakt aufzunehmen. Dies

dient sowohl der Ermutigung der Bewerber als auch der Vorauswahl interessanter Kandidaten.

In der Regel erfolgt dann die Aufforderung, die üblichen schriftlichen Bewerbungsunterlagen einzureichen. Das heißt: Das Bewerbungsverfahren läuft zunächst ganz ähnlich ab wie bei einem Stellenangebot eines Unternehmens. Die eintreffenden Unterlagen werden von den Personalberatern und ihren Office-Mitarbeitern gesichtet und vorsortiert. Danach macht man mit interessanten Kandidaten ein Telefoninterview. Und im Anschluss folgt eine Einladung zu einem Kennenlerngespräch bei der inserierenden Personalberatungsgesellschaft.

Bei dem persönlichen Gespräch mit den Personalberatern erwarten den Bewerber möglicherweise Tests, aber vor allem intensive Interviews. Während dieser ersten persönlichen Begegnung wird geklärt, was den Bewerber bei einem Wechsel finanziell erwartet; es wird auch der mögliche Aufgabenbereich beschrieben und früher oder später das auftraggebende Unternehmen präsentiert. Bis jetzt waren dies Verhandlungen mit dem Vermittler, das heißt: eine Art Generalprobe des eigentlichen Vorstellungsgesprächs.

Irgendwann kommt dann der entscheidende Moment, wo man den eigentlichen Auftraggebern und letztendlich auch den Entscheidern vorgestellt wird. Nicht selten sind auch beim potenziellen neuen Arbeitgeber zwei längere und intensive Gesprächsrunden mit verschiedenen Firmenrepräsentanten die Regel.

Auf Ihre Vorbereitung der schriftlichen und auch der persönlichen Bewerbung gehen wir später noch ein. An dieser Stelle möchten wir Ihnen nur kurz die Besonderheiten dieser Bewerbungsphase bei Personalberatungsgesellschaften skizzieren. Denn einige Aspekte sollten Sie beachten, die etwas anders verlaufen als Bewerbungsprozesse bei direkt suchenden Unternehmen.

Umgehen Sie nicht den Personalberater

Kommen Sie nicht auf die Idee, sich gleich mit der suchenden Firma in Verbindung zu setzen, ohne den »Umweg« über den Headhunter. Denn diese Vorgehensweise ist von dem suchenden Unternehmen gewollt: Vielleicht gibt es ein Kapazitätsproblem in der Personalabteilung? Aber egal, welche Gründe das Unternehmen hat: Halten Sie sich an den gewünschten Weg und sparen Sie sich und dem Unternehmen Ärger.

Rufen Sie an

Normalerweise werden Sie aufgefordert, die Personalberatung per Telefon zu kontaktieren, um weitere Details der ausgeschriebenen Position zu erfragen. Oft gibt es dafür eine eigene Hotline. Nutzen Sie diese Möglichkeit! Hier können Sie alle Ihre Fragen klären, auch die Gehaltsfrage. Wer allerdings das suchende Unternehmen ist, wird man Ihnen nicht verraten – mit einer Ausnahme: Wenn Sie konkret fragen, ob das Unternehmen X Auftraggeber ist, bekommen Sie eine Antwort. Der Grund: Sie haben als Bewerber ein Recht zu erfahren, ob sich vielleicht Ihr eigener Arbeitgeber hinter der Anzeige verbirgt. Wenn Sie einen entsprechenden Sperrvermerk in Ihrer schriftlichen Bewerbung anbringen, wird sich der Headhunter ebenfalls daran halten. So sind die Spielregeln! Auch für Bewerber-Hotlines gilt: Fassen Sie sich kurz. Sie überzeugen mehr durch eine effektive Gesprächsführung als durch weitschweifiges Schwadronieren.

Bewerben Sie sich schriftlich

Für eine schriftliche Bewerbung bei einer Personalberatung gilt genau das Gleiche wie für schriftliche Bewerbungen bei Unternehmen (vgl. Hesse/Schrader, *Handbuch schriftliche Bewerbung*). Auch die Vorgehensweise ist gleich: Sie bekommen entweder sofort einen mündlichen oder schriftlichen Zwischenbescheid, dass Ihre Unterlagen eingetroffen sind, oder eben eine Absage. Einen Unterschied zu einem »direkten« Bewerbungsverfahren gibt es doch: Der Headhunter kann Ihnen anbieten, Ihre Unterlagen zu behalten, um Sie bei einem anderen Suchauftrag wieder in Betracht zu ziehen. Sagen Sie dazu Ja! Bei seriösen Personalberatungen können Sie sicher sein, dass Ihre Unterlagen nicht ungefragt weitergegeben werden.

Die Vor- und Nachteile

Auch wenn man letztendlich nicht ausgewählt werden sollte – es lohnt sich allemal, bei Personalberatungsprofis einen bleibenden, positiven Eindruck zu hinterlassen. Denn diese haben »von Berufs wegen« ein gutes Gedächtnis und wissen, wer zu wem passen könnte. Der Umgang und die intensiven Gespräche mit diesen Profis, die sich in der Branche gut auskennen, schafft schnell eine gewisse Intimität. Sicherlich ist die wechselseitige Verpflichtung sowohl dem Auftraggeber als auch dem Bewerber gegenüber Grund dafür. Wenn Sie bei der auftraggebenden Firma durch die Hilfe dieses Profis landen, klingeln seine Kassen. Vergessen Sie aber als Bewerber in keiner Minute, dass Ihnen hier der Personalberater nur als Vermittler des letztlich alles bezahlenden Auftraggebers gegenübersteht.
Und Vorsicht: Jede von Ihnen preisgegebene Information kann auch wieder gegen Sie verwendet werden. Denn wenn es bereits beim Arbeitsstart im neuen Unternehmen Ärger mit Ihnen gibt, ist das gezahlte Vermittlungshonorar des Headhunters im ungünstigsten Fall zurückzuzahlen. Das möchte kein Profi, er ist vielmehr an Anschlussaufträgen des Unternehmens interessiert und wird – wenn es tatsächlich einmal brenzlig wird – keineswegs Ihr freundschaftlich verbundener Partner sein. Also, bleiben Sie sich im Gespräch mit dem Personalberater der Bewerbungssituation bewusst, auch dann, wenn Sie in Versuchung gebracht werden, fünf gerade sein zu lassen …

Ob Sie es letztendlich schaffen oder nicht – der intensive Kontakt zu einem Personalberatungsbüro, das gute Image, das Sie sich dort geschaffen haben, kann sich auch in Zukunft für Sie bezahlt machen. Denn eines Tages oder auch schon sehr bald klingelt Ihr Telefon vielleicht und jemand fragt, ob Sie gerade einen Moment Zeit hätten ...

Neue Tendenzen
oder: Die etwas anderen Headhunter

Einst galten sie als die »Schmuddelkinder«, mit denen man sich – es sei denn, im äußersten Notfall – besser nicht einlassen sollte. Die Zeiten aber ändern sich und wir alle uns mit ihnen. Aus einer Nischenbranche mit zweifelhaftem Niveau ist ein Wirtschaftszweig geworden, dem die kritischen Banken ein Wachstumspotential sondergleichen zutrauen. Der Gegenstand der Betrachtung – Sie ahnen es schon – sind Zeitarbeitsunternehmen. Was aber haben diese in einem Buch über Headhunter zu suchen? »Suchen« ist dann auch das passende Stichwort. Immer mehr Unternehmen, die einen personellen Engpass erleben, brauchen sofort einsetzbare, kompetente Mitarbeiter, auf die sie sich verlassen können, ohne sich selbst in puncto Beschäftigungsdauer zu sehr festzulegen. Dabei geht es immer seltener um gewerbliche Mitarbeiter, zunehmend um Angestellte der mittleren Ebene und neuerdings auch um eine wachsende Zahl an hoch qualifizierten Spezialisten und erfahrenen Führungskräften. Das Zeitarbeitsunternehmen nimmt seinem Kunden die aufwendige Auswahl und all die damit verbundenen Unannehmlichkeiten ab. Moderne Anbieter dieser Dienstleistung verleihen also nicht nur ihre Mitarbeiter an ein Unternehmen, sie übernehmen auch im Auftrag des suchenden Unternehmens die gesamte Prozedur der Personalrekrutierung bis hin zur »Bewährungsprobe«.
Auf Wunsch wird dann der personelle Vorschlag der Zeitarbeitsfirma im auftraggebenden Unternehmen getestet. Gegebenenfalls kann nach der vom Unternehmen bestimmten Testphase der eingearbeitete Mitarbeiter fest eingestellt – oder an die Ausleihfirma ohne Komplikationen wieder »zurückgegeben« werden.
Flexibilität, Verfügbarkeit und Risikomanagement sind hier wohl die

wichtigsten Stichworte einer so genannten modernen Dienstleistungsgesellschaft, die immer mehr »outsourct«, »just in time« und »lean« produziert und managt.

Was vielleicht im ersten Moment nicht gut klingt, können Sie aber auch selbst für Ihre Karriere nutzen: Ruft Sie am Arbeitsplatz kein Headhunter an – oder schlimmer noch: Sie haben vielleicht im Augenblick keinen Arbeitsplatz – kann der Weg zu einem und über ein Zeitarbeitsunternehmen Ihnen einige interessante Türen öffnen. Bei der eigenen Karriereplanung, dem Ausschöpfen Ihres beruflichen Potentials und aller Marketing-in-eigener-Sache-Aktivitäten ist die Kontaktaufnahme und Erörterung Ihrer Einsatzmöglichkeiten mit einer, wenn möglich vielleicht sogar auch noch spezialisierten, Zeitarbeitsfirma eine sinnvolle Erweiterung Ihrer Berufschancen. Je jünger Sie sind, je höher Ihre Qualifikation, desto besser Ihre Chancen. Ihr Verdienst bei einem Zeitarbeitsunternehmen ist durchaus verhandelbar. Auch wenn er bisweilen deutlich unter dem Ihrer Kollegen liegen kann, die fest angestellt sind (circa 15 – 35 Prozent), ergibt sich für Sie hier eine Chance, sich bekannt zu machen und selbst einen tieferen Einblick in bestimmte Unternehmen und Branchen zu bekommen.
Das nannte man früher auch Lehr- und Wanderjahre. Die Zeiten jedoch, in denen man Zeitarbeitsfirmen mit modernen Sklavenhändlern gleichsetzen konnte, sind lange vorbei. Inzwischen gelten sie gar als Hoffnungsträger im Kampf gegen die Massenarbeitslosigkeit. Und die Erfahrung unterschiedlicher Unternehmenskulturen innerhalb einer kurzen Zeitspanne mittels Zeitarbeitsfirma machen sich in Ihrem beruflichen Werdegang gar nicht so schlecht.

Die Regeln
oder: Die Dos und Don'ts

Ob klassischer Personalberater, über dessen Anzeige Sie aufmerksam wurden, oder Headhunter, der Sie nach einer Recherche gezielt angesprochen hat, es liegt auf der Hand: Diese Profis haben einen erheblichen Einfluss auf die Entscheidung des Unternehmens – schließlich geben sie ihre Empfehlungen ab und werden dafür bezahlt.

Die letzte Entscheidung jedoch liegt beim Unternehmen, der Geschäftsführung oder den Inhabern selbst (Tipps zum Vorstellungsgespräch in den Karriere-Essentials, S. 153ff.). Dieses Procedere führt dazu, dass einige Kandidaten sich im Gespräch mit dem Personalberater oder Headhunter relativ entspannt verhalten – vielleicht sogar zu entspannt –, beim entscheidenden Termin im Unternehmen aber dann in Stress geraten.

Die amerikanische Headhunterin Smooch S. Reynolds hat in ihrem Buch *Be hunted! 12 secrets to getting on the headhunter's radar screen* festgestellt, dass einige Kandidaten eine schwer wiegenden Fehler machen: Sie missinterpretieren die Rolle des Headhunters. Sie sehen nicht seine Rolle als Vermittler zwischen Bewerber (sich selbst) und Auftraggeber (das suchende Unternehmen). Stattdessen verhalten sie sich wie gegenüber einem Therapeuten, den Eltern oder ihren guten Freunden oder ebenso schlimm: wie gegenüber Wahrsagern oder Kaffeesatzlesern. Dies führt dazu, dass sie zu vertraulich werden, nicht mehr seriös auftreten und sozusagen »ihre Seele baumeln und ihr Innerstes heraushängen lassen«.

Aus dieser Erfahrung heraus hat sie einen Katalog der gravierendsten Fehler[44] zusammengetragen, die Kandidaten im Umgang mit Headhuntern machen können. Diejenigen, die auch für die Gepflogenheiten in Europa gelten, sind zum Beispiel:

- Kommen Sie nicht im Freizeit-Look, bloß weil dieses Vorstellungsgespräch noch nicht im Unternehmen selbst stattfindet. Erscheinen Sie im klassischen Business-Look – als Fach- und Führungskraft wissen Sie, was damit gemeint ist.
- Kommunizieren Sie offen, aber weihen Sie den Headhunter nicht in Ihre intimsten Geheimnisse ein.
- Tun Sie nicht so, als sei Ihre Karriere mustergültig, sondern geben Sie eine realistische Selbsteinschätzung wieder.
- Erwarten Sie nicht, dass der Headhunter Ihnen einen neuen Job ver-

schafft, so wie es ein alter Freund tun würde. Sie beide sind Geschäftspartner und werden – bei aller Sympathie und trotz vertraulicher Gespräche – eine professionelle Distanz wahren.

- Versuchen Sie nicht, dem Headhunter grobe Unwahrheiten unterzuschieben. Sie werden mit größer Wahrscheinlichkeit enttarnt. Stehen Sie zu sich!
- Seien Sie nicht arrogant oder überheblich, bloß weil Sie aus einer bekannten, »guten Familie« stammen. Es kommt auf Ihre Fähigkeiten an, nicht auf Ihre Herkunft.
- Stellen Sie den Headhunter nicht zur Rede, wie viel Honorar er für Ihre Vermittlung einzieht. Es ist etwa ein Viertel bis ein Drittel Ihres Jahresgehalts – das ist allgemein bekannt.
- Überschütten Sie den Headhunter nicht mit einem Redeschwall. Fassen Sie sich kurz, seien Sie präzise und versuchen Sie nicht, Ihrem Gesprächspartner das Heft aus der Hand zu nehmen. Auch wenn Sie das für ein Zeichen von Souveränität und Stärke halten – es ist der Headhunter, der durch das Interview führt.
- Ziehen Sie nicht über Ihr ehemaliges Unternehmen, Ihre Kollegen und Ihren Chef her. Sie wissen ja, was mit Verrätern geschieht.

Das will der Headhunter von Ihnen wissen, und zwar kurz und prägnant:

- Welche Position haben Sie zur Zeit inne?
- Welche Entscheidungskompetenz haben Sie?
- Auf welcher Hierarchieebene ist Ihre Tätigkeit angesiedelt?
- Tragen Sie Personalverantwortung?
- Was erwarten Sie von einer neuen Tätigkeit?
- Wie sehen Ihre Gehaltsvorstellungen aus?
- Könnten Sie sich ggf. einen Ortswechsel vorstellen?
- Unterstützt Ihre Familie Ihren beruflichen Wechsel?
- Welche Wertvorstellungen prägen Ihre Persönlichkeit?

Natürlich interessiert sich der Personalberater auch für Ihre intellektuellen Fähigkeiten und Ihre Soft Skills, denn Sie sollen ja möglichst genau zu dem Profil passen, das mit der auftraggebenden Firma vereinbart worden ist.

Einige Personalberater setzen zusätzlich zum persönlichen Gespräch auch Potentialanalyse-Tests ein, die den Anwendern eine »objektive« Sicht auf Ihre Persönlichkeit und Ihr Können versprechen. In der Tat: Wenn Sie unvorbereitet in einen solchen Test gehen, kann es passieren, dass Sie ungewollt bestimmte innere Konflikte oder Ängste preisgeben. Die hat natürlich jeder normale Mensch! In einem Bewerbertest kann es aber sein, dass Sie dadurch aus dem Rennen ausscheiden. Lassen Sie das nicht zu! Auch diese Tests können Sie mit der richtigen Vorbereitung in Ihrem Sinne beeinflussen (mehr dazu in: Hesse/Schrader, *Testtraining 2000plus. Einstellungs- und Eignungstests erfolgreich bestehen*, Frankfurt am Main 2001).

Auch Ihnen als Kandidat steht es selbstverständlich zu, Fragen zu stellen. Die Gelegenheit sollten Sie nutzen. Fragen Sie zum Beispiel:

- Wie sieht die wirtschaftliche Situation des auftraggebenden Unternehmens aus? Welche Zukunftsperspektiven hat es? Welche Strategien verfolgt es?
- Wie ist das Unternehmen organisiert? Wurde es häufig umorganisiert? Wann zuletzt?
- Warum ist die ausgeschriebene Position vakant?
- Wie sieht das organisatorische Umfeld dieser Position aus?
- Welche Kompetenzen sind damit verbunden?
- Welche Entwicklungsmöglichkeiten bietet die Position?
- Welche Unternehmenskultur prägt das Unternehmen?
- Wie sehen Führungs- und Arbeitsstil aus?
- Wie lauten die grundlegenden Wertvorstellungen, denen das Unternehmen folgt?

Der Headhunter wird Ihnen diese Fragen gerne beantworten, denn auch er ist daran interessiert, dass Sie sich ein genaues Bild Ihres potentiellen neuen Arbeitsumfeldes machen.

Lesen Sie mehr zu Ihrer Präsentation im Kapitel »*Karriere-Essentials*«. Dort erfahren Sie alles über Karriere-Schlüsselwörter und -Weichensteller, über Themen und entscheidende Soft Skills, die neben Ihrem fachlichen Wissen und Können Einfluss darauf haben, wie schnell oder langsam Sie beruflich weiterkommen.

Denn: Es reicht bei weitem nicht mehr nur aus, effizient zu arbeiten, Sie müssen vor allem effektiv arbeiten. Der gewaltige Unterschied: Effizienz heißt, die Dinge richtig tun. Wichtig und gut, aber noch wichtiger ist: Die richtigen Dinge tun (und kommunizieren!). Genau das versteht man unter Effektivität.[45] Bezogen auf Ihren Bewerbungsprozess heißt dies: Sie müssen wissen, worauf es ankommt, was die andere Seite wünscht, worauf geachtet wird. Das ist schon die halbe Miete.

PRAXISBERICHTE: STIMMUNGEN, MEINUNGEN, ERFAHRUNGEN

Headhunter erzählen
oder: Wenn der Postmann zweimal klingelt

»Glaubwürdigkeit und Auftreten sind entscheidend«

Detlef Hartmann (Name geändert) hat einige Zeit als Researcher für einen Headhunter gearbeitet. Am Telefon ist er in alle möglichen Rollen geschlüpft, um seine Kandidaten einzukreisen: Denn als Assistent eines Professors, als Journalist oder als Mitarbeiter der Poststelle wird man auch von sehr vorsichtigen Sekretärinnen in die gewünschte Unternehmensabteilung verbunden.

Wie sind Sie vorgegangen, um passende Kandidaten zu identifizieren?
Zuerst gibt es eine Projektbesprechung, in der diskutiert wird, wo in der Organisation eines Unternehmens die gesuchte Stelle überhaupt angesiedelt ist und wer diese Stelle ausfüllen könnte. Dann wird ein Research-Auftrag festgelegt, bei dem die Vorgehensweise bestimmt wird und auch die »Verkleidung«.

Was heißt »Verkleidung«?
Als Researcher gibt man sich ja gerne für jemand anderen aus: »Ich bin ein Journalist und brauche eine Information«, oder »Ich bin Assistent von Professor XY und suche einen Referenten für einen Workshop«. Damit wird langsam herausgefunden, wer derjenige ist, den man sucht. Als wir mal mit allen Methoden gescheitert waren und nichts mehr ging, lief übrigens

folgende Masche: Ich habe mich als »Mitarbeiter der Poststelle« vorgestellt und dabei breitesten Dialekt gesprochen: »Hallo, ich kann die Namen hier auf der Liste net lese', die sin' so unleserlich!« Es war unglaublich – ich habe in kürzester Zeit alle Namen herausbekommen. Hier hat offenbar ein gewisser »Dummheits-Effekt« geholfen.

Was können Bewerber tun, die gerne auf den Radarschirm eines Headhunters kommen wollen?
Heute kann man relativ leicht auf den Radarschirm eines Headhunters kommen, indem man sein Profil in einer Online-Personalbörse hinterlässt. Bewerber sollten aber auf keinen Fall ihren Lebenslauf in alle Himmelsrichtungen verschicken – das ist wirklich das Letzte. Man kann aber Personalberatungen auch selbst kontaktieren und sagen: »Ich interessiere mich für eine andere Position, wie sieht es aus bei Ihnen?« Dabei sollte man nicht durchblicken lassen, dass man eventuell dringend etwas sucht. Man sollte es eher so formulieren: Ich habe etwas anzubieten. Denn schließlich muss man sich verkaufen. Der Personalberater kann Ihnen natürlich nur dann einen Job anbieten, wenn er gerade einen entsprechenden Suchauftrag hat. Aber er kann Ihnen in jedem Fall sagen, wie die Berufsperspektiven in Ihrer Branche momentan aussehen. Doch Vorsicht! Es ist sehr wichtig, dass man selbst genug Informationen über den betreffenden Personalberater eingeholt hat, es gibt einige schwarze Schafe in der Branche.

Was kann denn schlimmstenfalls passieren, wenn ich meinen Lebenslauf bei einer unseriösen Personalberatung abgebe?
Der Lebenslauf wird möglicherweise weitergegeben und plötzlich bekommt man ungebeten Post – einige unseriöse Berater betreiben einen regelrechten Adressenhandel. Um sich zu vergewissern, dass man es mit einem seriösen Headhunter zu tun hat, sollte man ihm ein paar Fragen stellen: Für welche Personalberater er arbeitet, wie seine Vorgehensweise ist und für welche Kunden er tätig ist. Und selbst wenn es sich um einen seriösen Headhunter handelt, würde ich nicht meinen Lebenslauf bei ihm hinterlassen. Ich würde lediglich mein Interesse manifestieren – vielleicht per Telefon – und nach dem Telefonat einen kurzen Brief, ein Fax oder

eine E-Mail schicken, worin ich meine Daten zusammenfasse und das, was ich zurzeit mache. Aber mehr nicht!

Wie oft sollte man sich in Erinnerung bringen?
Ich denke, wenn man einmal in der Datenbank drin ist, dann braucht man sich gar nicht mehr zu melden. Denn die Datenbank ist relativ zuverlässig und wird bei jedem Suchauftrag zuerst konsultiert. Und wenn man als Kandidat nicht selbst für eine bestimmte Position in Frage kommt, dann kann es passieren, dass man um eine Auskunft gebeten wird: »Kennen Sie zufällig jemanden, der für diesen Job in Frage kommt?« Aber auch hier sollte man vorsichtig sein und auf keinen Fall von sich aus anbieten, jederzeit Informationen liefern zu können. Denn es geht um Loyalität! Der Headhunter könnte zu dem Eindruck kommen, dass man nicht nur in diesem Unternehmen, sondern auch im nächsten leichtfertig Informationen herausgeben könnte.

Was war die häufigste Reaktion der Leute, die Sie angerufen haben?
Als Researcher geben Sie sich ja nicht zu erkennen. Sie versuchen lediglich, etwas über den Kandidaten herauszufinden: Was er im Unternehmen macht, ob er Verantwortung hat, welche Position er genau bekleidet. Vielleicht auch fachliche Dinge, soweit man sie als Researcher beurteilen kann. So macht man sich ein Bild von dem entsprechenden Kandidaten und gibt dieses an den Personalberater weiter. Der spricht ihn dann an.

Die Kandidaten wussten also nie, dass Sie mit dem Mitarbeiter eines Personalberaters sprechen?
Es darf niemals der Researcher einen Kandidaten zuerst ansprechen – das ist die erste Regel. Erst der Headhunter sagt: »Wir haben eine interessante Stelle für Sie, darüber sollten wir einmal sprechen.« Das sind dann die berühmten Anrufe aus heiterem Himmel. Und da reagieren die Leute sehr unterschiedlich: Manche Kandidaten haben ein manifestes Interesse und warten geradezu auf den Anruf des Headhunters – manche warten auch ein bisschen zu offensichtlich! Andere Kandidaten sagen mitunter recht unfreundlich: »Rufen Sie mich nicht wieder an!«

Wie viele Telefongespräche führen Researcher täglich und wie viele davon laufen ins Leere?
Ich habe etwa 30 Personen pro Tag angerufen. Sie müssen sich das so vorstellen: Man hat eine Research-Liste, wo alle Unternehmen aufgelistet sind, die zum Beispiel Aktien-Analysten beschäftigen. Sie telefonieren diese Liste langsam durch und vervollständigen die gesuchten Informationen. Dabei gehen Sie konzentrisch vor: Sie bewegen sich zunächst um den zu identifizierenden Kandidaten herum, damit Sie möglichst viel über ihn bei Kollegen und Untergebenen herausfinden. In der Regel müssen Sie drei bis vier Anrufe machen, bis Sie herausgefunden haben, wie groß eine Abteilung ist, wie sie organisiert ist und wer in dieser Abteilung die Position bekleidet, die in diesem Fall interessant ist. Außerdem müssen Sie herausfinden, wie lange derjenige schon in seinem Job ist. Wenn er erst ein halbes Jahr im Unternehmen arbeitet, dann ist er für den Auftraggeber uninteressant. Wenn Sie dann einiges über ihn wissen, dann erst kommt der Anruf beim Kandidaten selbst. Das ist gar nicht so einfach: Sie müssen zum Beispiel begründen, warum Sie – beispielsweise als Journalist – nicht den Abteilungsleiter sprechen wollen, sondern einen seiner jungen Untergebenen!

Aus Sicht eines Researchers – Wie sollten sich potenzielle Kandidaten am Telefon verhalten?
Zuerst zählt die Freundlichkeit. Wenn jemand muffig war, hat er direkt ein Minus bekommen. Und wenn der Gleiche beim nächsten Mal hyperfreundlich war, habe ich mich natürlich gefragt: Was ist mit ihm los? Ist er etwa launisch? Dann muss er natürlich auch fachlich kompetent wirken. Wichtig ist: Der Researcher fertigt ein Gesprächsprotokoll an, das anschließend mit dem verglichen wird, was der Kandidat im persönlichen Gespräch sagt und was in seinen Unterlagen steht. So wird die Glaubwürdigkeit getestet. Wenn Ihnen ein Analyst erzählt, dass er Personalverantwortung hat, und im nächsten Gespräch erfahren Sie von seinem Kollegen, dass dies nicht stimmt – dann ist der Fall erledigt. Sehr wichtig ist es, dass der Kandidat absolut selbstbewusst auftritt. Sie suchen doch meistens für qualifiziertere Positionen, und dabei ist das Auftreten entscheidend.

Wenn jemand allerdings arrogant wirkt, ist das wiederum auch ein Minuspunkt.

Wenn Sie einen Kandidaten »eingekreist« haben, sind Sie dabei immer als der gleiche Journalist aufgetreten oder immer wieder in einer anderen Rolle?
Manche Leute können sich an Stimmen erinnern. Deshalb können Sie nicht einmal als Journalist und das nächste Mal in einer anderen Identität anrufen. Wenn Sie Schwierigkeiten bekommen, dann lassen Sie eher einen Research-Kollegen oder eine -Kollegin anrufen.

Sind Sie einmal aufgeflogen?
Ich nicht, aber eine Kollegin. Sie hatte schon jahrelang als Researcherin gearbeitet und hat ihren Job richtig gut gemacht. Aber einmal hat sie in einem Unternehmen angerufen, eine ihrer klassischen Rollen gespielt und von ihrem Gesprächspartner auf den Kopf zugesagt bekommen: »Stopp, Sie sind eine Headhunterin!« Sie hat völlig entgeistert ihren Telefonhörer aufgeknallt ...

Wie können Unternehmen einem Researcher Steine in den Weg legen?
Im Grunde genommen ist es relativ einfach, einen Researcher auszubremsen. Ein Unternehmen muss seinen Mitarbeitern nur genaue Verhaltensmaßregeln geben – denn zwei Dinge kann ein Researcher auf keinen Fall tun: Er kann nicht zurückgerufen werden und er kann auch kein Fax schicken – das ist ausgeschlossen, denn damit müsste er sich offenbaren. Auch über eine Handy-Nummer wird jemand identifizierbar. Und da sich die Personalberatungsbranche im Halbdunkel befindet, wenn es um Research geht, dürfen Sie sich einfach nicht zu erkennen geben. Ansonsten riskieren Sie, dass Sie verklagt werden.

Ist Research eher ein Studentenjob oder eine richtige Passion?
Researcher sind oft Frauen – man nennt sie auch »Telefon-Mäuschen« –, die nichts anderes machen, als von morgens bis abends zu telefonieren. Dann gibt es auch Leute, die in dieser Spur anfangen, um etwas später

selbst Personalberater zu werden. Weil im Research so viele Frauen arbeiten, stoßen Sie als Mann auf viel weniger Misstrauen, wenn Sie in einem Unternehmen anrufen.

In der Präambel des Vereins Deutscher Executive-Search-Berater (VDESB) steht, dass sich die Mitglieder verpflichten, sich an keiner Stelle des Research-Prozesses als jemand anderes auszugeben. Wie organisieren diese Personalberater denn ihren Research?
Ach, wissen Sie, in der Branche wird viel erzählt …

Der richtige Fit findet auf der Werte-Ebene statt

Dr. Mathias Hiebeler, Partner des renommierten, internationalen Personalberatungsunternehmens Heidrick & Struggles, Mülder & Partner, arbeitet seit zwölf Jahren als Headhunter. Er sieht sich zugleich als Berater für Unternehmen und als »Talent Agent« für Spitzenmanager. Sein Erfolgsrezept: Kandidaten und Klienten müssen in ihren »Glaubenssätzen« übereinstimmen.

Als es der Wirtschaft sehr gut ging, haben sich die Unternehmen mit einer extrem hohen Geschwindigkeit verändert und einen entsprechend hohen »Umsatz« an Managern gehabt. Hat sich diese Situation angesichts der momentanen Wirtschaftskrise verändert?
In sich rasant verändernden Umwelten muss das Management extrem schnell lernen, oder es muss sich ergänzen oder ausgewechselt werden. In einer wirtschaftlich extrem herausfordernden Situation wie der momentanen ist die Bereitschaft, Manager auf Top-Ebene auszuwechseln, sehr hoch – wenn der erwartete Erfolg ausbleibt.

Von Seiten der Manager aus könnte man sich vorstellen, dass sie in unsicheren Zeiten verstärkt Wert darauf legen, ihren Job gerade nicht zu wechseln?
Ja, logisch. Es gibt nach wie vor ein geringes Angebot an wirklich exzellenten Leuten, und diese Leute muss man dann sehr überzeugen. Es muss

schon eine sehr herausfordernde Aufgabe sein, damit man sie zu einem Wechsel bewegen kann.

»Jedes Talent wird seinen eigenen Agenten haben, der sich um seine Karriere kümmert wie ein Trainer, der sich um Wohl und Wehe seines Spielmachers kümmert« – diese Entwicklung haben Sie der Personalberatungsbranche vor einiger Zeit prognostiziert. An welchem Punkt steht dieser Wandlungsprozess zurzeit?
Da habe ich sicherlich eine sehr visionäre Zukunft entworfen, und davon rücke ich auch heute nicht ab. Es ist richtig, dass sich das Angebot der Personalberater in der Form ändert und ändern muss, dass über die klassische Suche und Auswahl von Führungskräften hinaus zusätzliche Dienstleistungen angeboten werden müssen. Dazu zählt unter anderem das Thema Coaching, und zwar im klassischen Sinn: betreuen, managen und beraten einer Führungskraft in ihrer jeweiligen Situation. Kleinere Boutiquen haben sich bereits auf das Thema »Talent Agents« fokussiert. Auf breiter Ebene hat sich das aber noch nicht durchgesetzt. Wir stellen aber fest, dass alle Kandidaten – vor allem die Spitzenleister – zunehmend Beratungsbedarf in eigener Sache haben. Die Zeiten, wo man als Headhunter ganz platt sagte: »Hast du Interesse, dieses oder jenes zu machen?« – diese Zeiten sind vorbei. Solche Anrufe werden von guten Führungskräften als nicht mehr kompetent und ernst zu nehmend angesehen. Sie erwarten ganz klar ein Reflektieren ihrer eigenen Situation und einen objektiven – sofern das möglich ist – Beratungsinput: Was macht Sinn in ihrer Situation? Ansonsten sind sie in der Bereitschaft, Gespräche zu führen, sehr zurückhaltend geworden.

Sind die angesprochenen Personen auch professioneller geworden im Umgang mit Personalberatern? Für viele gehört der Kontakt zu Headhuntern ja mittlerweile zum Alltag.
Ich würde sagen Ja. In Deutschland und Zentraleuropa ist das Thema Direktansprache in den letzten Jahren gesellschaftsfähig geworden. Als ich vor zwölf Jahren begonnen habe, mich in diesem Beruf zu etablieren, war das alles ja noch ziemlich anrüchig. Heute ist das eine sehr akzeptierte

Dienstleistung und bei den meisten Ansprechpartnern auch eine bewusst genutzte Dienstleistung.

Es gibt zahlreiche Selbstbeschreibungen von Executive-Search-Beratern: Die einen vergleichen sich mit einem Heiratsvermittler, die anderen mit einer Hebamme oder mit einem verschwiegenen Pastor. Wie würden Sie Ihre Rolle beschreiben?
Gestatten Sie – aber: Alle diese Aussprüche sind Ausfluss einer übertriebenen Selbstdarstellung oder einer völligen Verkennung dessen, was sie tun. Ich denke, wir sind genau das, was in unserer Berufsbezeichnung drinsteht: Wir sind Berater. Und zwar nach beiden Seiten, obwohl nur eine Seite uns bezahlt. Ich bin weder Pastor noch Geburtshelfer und auch nicht Heiratsvermittler – ich glaube, der Heiratsvermittler trifft das Thema am wenigsten! Sie müssen gegenüber Ihrem Klienten eine konstruktiv-kritische Haltung einnehmen: Was ist notwendig, was braucht er, was kann er vom Markt erwarten? Umgekehrt müssen Sie auch gegenüber einem potentiellen Kandidaten eine konstruktiv-kritische Stellung einnehmen: Was macht wirklich Sinn? Warum soll er bestimmte Dinge tun oder nicht tun? Woran muss er noch arbeiten? Nur dann, wenn sich die Möglichkeiten und Erwartungen von Klient und Kandidaten weitgehend decken, ist es eine ideale Kombination. Insofern hat es wenig mit Vermitteln zu tun – schon gar nicht mit Geburtshilfe oder einem Pastor.

Was reizt Sie persönlich an Ihrem Beruf?
Eine Menge! Erstens der Umgang mit Menschen. Das klingt banal, weil jeder Würstl-Verkäufer auch Umgang mit Menschen hat. Unsere Aufgabe ist es aber, uns wirklich mit den sensibelsten Themen des Daseins zu beschäftigen. Der berufliche Erfolg ist ja ein essenzieller Bestandteil Ihres Lebens. Das Zweite ist: Auf der Klientenseite bewegen Sie oft Dinge, die nach außen gar nicht so wahrnehmbar sind, aber das Schicksal eines Unternehmens ganz entscheidend beeinflussen. Wir haben in den USA vor Jahren begonnen, die Börsenkurse vor und nach unserer Personalberatung zu vergleichen: Wenn wir die richtigen Leute in die Unternehmen bringen, sehen Sie ganz dramatische Auswirkungen! Insofern ist es eine

außerordentlich wichtige, strategisch bedeutsame und in einigen Fällen überlebenskritische Entscheidung, an der wir teilnehmen und beraten.

Wird das von Unternehmen manchmal unterschätzt?
Ja, das ist richtig. Vor allem außerhalb des angelsächsischen Bereiches werden Führungsfragen immer noch als Nebenkriegsschauplatz betrachtet. Das kann man nicht pauschal sagen, aber: Nicht immer wird dieser Thematik die notwendige Ernsthaftigkeit, Aufmerksamkeit und Zeit gewidmet.

Wenn Sie einen Kandidaten telefonisch kontaktieren – was für ein Verhalten wünschen Sie sich von ihm?
Ich bekomme in der Regel das Verhalten zurückgespiegelt, das ich als Gesprächspartner herausfordere. Ich wünsche mir natürlich, professionell behandelt zu werden. Das heißt: Ich möchte einen sachlichen und ernsthaften Gesprächspartner, der die Fragen schnell und zielführend beantwortet, die notwendig sind, damit ich einen Gesprächstermin vereinbaren kann. Wenn ich den Kandidaten nicht kenne, geht es nur um die Abklärung einiger wesentlicher Rahmenfaktoren.

Welche Faktoren gehören dazu?
Wenn ich ihn nicht kenne, muss ich erst einmal einschätzen, ob er überhaupt zu der gesuchten Position passt. Wenn er nicht passt, aber trotzdem interessant klingt, sage ich: »Für den Auftrag, glaube ich, passt es eher nicht, aber das, was Sie mir erzählen, klingt so interessant, dass ich glaube, dass wir in naher Zukunft andere Gelegenheiten haben werden. Lassen Sie uns einander kennen lernen!«

Wie kommen Sie zu Ihrer Einschätzung bezüglich des Kompetenzprofils Ihres Kandidaten? Vertrauen Sie Ihrer Intuition?
Es gibt eine Anzahl von Kriterien: Zu den situationsunabhängigen Kriterien gehören intellektuelle Fähigkeiten, wie die Fähigkeit, analytisch zu denken und komplexe Sachverhalte schnell zu begreifen. Daneben geht es um Teamfähigkeit und partnerschaftliches Verhalten. Darunter lassen sich

Empathie und Führungsfähigkeit subsumieren. Als dritte Überschrift lassen sich »Aktivitätsniveau«, »Tatendrang« und »unternehmerischer Drive« formulieren. Diese drei Überschriften gilt es fast immer abzuklären, weil das unternehmens- und aufgabenübergreifende Merkmale einer erfolgreichen Führungskraft sind. Dann gibt es eine Anzahl von Merkmalen, die aufgaben- und unternehmensspezifisch sind und gemeinsam mit dem Auftraggeber definiert werden müssen: Was ist nötig, um das Unternehmen dorthin zu führen, wo es hin muss? Wenn Sie diese Merkmale haben, dann ist es die Aufgabe des Interviewers herauszufinden, wie der Gesprächspartner bezüglich dieser Kategorien einzuordnen ist. Da gibt es die Möglichkeit, sich im Vorfeld eine Anzahl von Fragen zu formulieren, aus denen er dann Schlüsse ziehen kann.

Aufgrund dieser Schlüsse kommen Sie dann zu Ihrem Urteil?
Entscheidend ist es, im Gespräch zwischen mehreren Ebenen zu wechseln: zwischen der Ebene des »Tuns« und des »Könnens« einer Führungskraft. Die entscheidende Ebene ist aber die der Werte und Glaubenssätze. Unsere Aufgabe ist es nun, im Vorfeld herauszufinden, welche Werte und Glaubenssätze ein Unternehmen vertritt, und zu prüfen, ob dies stimmig ist mit dem Wertesystem eines Kandidaten. Denn: Der richtige Fit findet auf der Werte-Ebene statt. Auf der obersten Ebene sprechen wir dabei über Identität: Bin ich ein Unternehmer? Bin ich ein Berater? Bin ich ein Manager? Kennedy sagte damals in Berlin: »Ich bin ein Berliner.« Deshalb ging dieser Spruch den Menschen unter die Haut. Kennedy sagte nicht: »Ich bin in Berlin zu Besuch.«

Ist es nicht etwas bedenklich, wenn ein Manager vollkommen mit der Corporate Identity eines Unternehmens verschmilzt? Sollte er nicht besser noch einen inneren Abstand wahren können?
Das eine schließt das andere nicht aus! Sie entdecken diese Glaubenssätze übrigens, wenn Leute in folgenden Kategorien reden: »Man muss …«, »Ich glaube …«, »Es ist so …« oder »Man kann davon ausgehen, dass …«. Das sind alles sehr verallgemeinernde Aussagen, und diese kennzeichnen das Wertesystem. Wir finden dies über halbstandardisierte Interviews her-

aus. Wir benutzen keine standardisierten Testverfahren, weil die immer nur Teilausschnitte dessen widerspiegeln, was wir an Wirklichkeit brauchen. Es geht ja nicht darum, einen Ausschnitt der Persönlichkeit zu erfassen: Ist dieser Mensch besonders intelligent oder kommunikativ? Sondern es geht darum zu klären, ob diese Person passend ist für das, was das Unternehmen darstellt und braucht. Und das ist immer sehr spezifisch.

Wie unterscheidet sich ein Vorstellungsgespräch bei einem Executive-Search-Berater von einem Vorstellungsgespräch beim Personalchef eines Unternehmens?
Eigentlich überhaupt nicht. Unsere Aufgabe ist es, zusammen mit dem Unternehmen zu prüfen, ob der Kandidat geeignet ist. Unsere Aufgabe ist es nicht, den Kandidaten so hinzubiegen, dass er im Unternehmen eine »gute Nummer« macht. Wir informieren den Kandidaten so weit, dass er sich ein genaues Bild davon machen kann, was dort von ihm gefordert wird. Mit der Konsequenz, dass er mit den Gesprächspartnern im Unternehmen schon sehr spezifisch sprechen kann und das Unternehmen nicht fragen muss: »Was produzieren Sie eigentlich?« Wenn das passieren würde, hätten wir einen schlechten Job gemacht.

Wie muss ein Kandidat auftreten, damit er Sie im persönlichen Interview überzeugt?
Sie sollten sich authentisch verhalten – so wie Sie sind! Beim Personalberater wie im Unternehmen. Viele Leute machen sich keine oder zu wenig Gedanken über das, was sie tun, und geraten schnell aufs Glatteis, wenn sie gezielt gefragt werden. Bei Führungskräften sind das folgende Themen: »Wer kann Ihre Nachfolge antreten? Wer ist Ihr bester Mann im Stall? Wodurch zeichnet er sich aus? Was tun Sie, um Ihre Führungskräfte zu fördern? Was leisten Sie für ein Added-Value für Ihr Unternehmen? Warum sind Sie für Ihr Unternehmen wertvoll?« Das sind grundlegende Fragen, über die sich die Manager eigentlich jeden Tag Gedanken machen müssten: Wie mache ich meinen Job? Wie sichere ich das Unternehmen ab, dass ich hinter mir Führungskräfte habe, die meinen Job morgen machen könnten? Mit diesen Fragen können Sie relativ schnell beleuchten, ob je-

mand seine grundlegenden Hausaufgaben gemacht hat. Insofern kann man nur jedem raten, sich zumindest vor einem Vorstellungsgespräch bei einem Berater über diese grundlegenden Dinge ein Selbstbild zu machen. Wenn er das jeden Monat macht, ist er auf einem wirklich guten Weg.

Wenn jemand aber im Vorstellungsgespräch Theater spielt und sich nicht authentisch verhält, kann der auf längere Sicht in einem Unternehmen erfolgreich arbeiten?
Es ist nur ein exzellenter Schauspieler in der Lage, über mehrere Gespräche hinweg eine so konsistente Show hinzulegen, dass man ihm nicht hinter die Kulissen gucken kann. Wenn Sie versuchen, in Ihrem Beruf permanent etwas vorzuspielen, dann wirken Sie nicht authentisch und werden langfristig auch keinen Erfolg haben.

Viele Kandidaten wollen von sich aus in Kontakt mit einem Executive-Search-Berater treten, um auf sich aufmerksam zu machen. Welche Art der Kontaktaufnahme empfehlen Sie in diesem Fall?
Ich kann nur jedem empfehlen, sich mit dem richtigen Personalberater frühzeitig auszutauschen, wenn er an seiner Karriere interessiert ist. Personalberater sind eine Institution, die man nutzen soll und nutzen muss, um auch für sich selbst immer wieder kritisch zu hinterfragen: Bin ich auf dem richtigen Weg? Ist das, was ich heute tue, auch langfristig für mich das Richtige? Insofern ist es nichts Ehrenrühriges, sich an einen Personalberater zu wenden. Außerdem kann nicht jeder Personalberater von sich aus »Hidden Talents« identifizieren!

Wie soll ein Bewerber bei der Kontaktaufnahme vorgehen?
Zuerst sollte er sich Gedanken machen, mit welchem Personalberater er sich zusammentut. Das heißt: Er sollte sich nur mit einem renommierten Personalberater zusammentun, damit er nicht Gefahr läuft, dass seine Lebensläufe irgendwo für Postwurfsendungen verwendet werden. Dann sollte er bei großen Personalberatungsorganisationen genau herausfiltern, welcher Personalberater für ihn der Richtige ist. Die meisten haben eine Branchen- oder Funktions-Fokussierung. Für jemanden, der zum Beispiel in

den Medien tätig ist, wird ein Berater, der hauptsächlich für die klassische Schwerindustrie arbeitet, nicht der richtige Gesprächspartner sein.

Ein Blick in die Zukunft: Welche Rolle spielt Ihrer Einschätzung nach Executive Search in den kommenden zehn Jahren? Wie entwickeln sich die Karrieremuster der Manager?
Ich denke, dass die demografische Entwicklung in unsere Hände arbeitet. Es gibt die geburtenarmen Jahrgänge mit der Konsequenz, dass rein von der Menge her die künftige Nachfrage nach Führungskräften gar nicht gedeckt werden kann. Aktuelle Studien zeigen außerdem, dass es für Unternehmen nach wie vor essenziell wichtig ist, Top-Führungskräfte an Bord zu bekommen und an Bord zu halten. Insofern glaube ich, dass auf der obersten Ebene – dort, wo wir über die strategisch wichtigen Positionen eines Unternehmens sprechen – ein starker Bedarf sein wird. Verbunden allerdings mit einem zunehmenden Anspruch der Klienten an Professionalität im Sinne einer umfassenden Beratung, die weit über das Versenden von Lebensläufen hinausgeht.

»Das Dümmste, was man in der Zusammenarbeit mit einem Headhunter machen kann, ist lügen.«

Diplom-Psychologin Ursula König ist Vorstand und Partnerin der Heads! Die Personalberater AG & Co., eine auf Markenartikelunternehmen und Retail spezialisierte Personalberatung mit Büros in München (Zentrale) und Wien. Sie rät Kandidaten zu einer absolut offenen und ehrlichen Kommunikation mit dem Personalberater ihrer Wahl. Außerdem betont sie, wie wichtig es ist, die/den Partner/in und die Familie rechtzeitig in Jobwechsel-Pläne einzuweihen.

Was sollten Bewerber beachten, die einen Headhunter für ihre Karriere nutzen wollen?
Wir empfehlen den Kandidaten, sich im Vorfeld intensiv über die Schwerpunkte der jeweiligen Personalberatung zu informieren: Man kann einen

Kandidaten nur dann gut beraten, wenn man weiß, was in der Branche passiert, wie sie sich entwickelt und welche die »Leading Companies« sind. Wir selbst sind auf das Thema »Consumer Goods« spezialisiert, und das sowohl für die Seite der Industrie wie auch für den Handel. Interessiert sich ein Kandidat für einen international ausgerichteten Job – das ist in bestimmten Branchen heute unabdingbar – braucht er natürlich eine Personalberatung, die die entsprechenden Netzwerke und/oder internationale Niederlassungen unterhält. Er muss natürlich auch prüfen, in welcher Gehaltsbandbreite die Personalberatung arbeitet. Besetzt sie vielleicht nur Top-Positionen? Dann macht es keinen Sinn, wenn er sich als Berufseinsteiger dorthin wendet.

Ihr eigenes Unternehmen heißt Heads! mit Ausrufungszeichen. Das kommt sehr viel jünger und frecher daher als andere Beratungen, die sich z.B. mit den Nachnamen ihrer Gründer schmücken. Was steckt dahinter?
Die Firmierung Heads! spielt bewusst mit dem Begriff Headhunter. Natürlich auch mit dem Gedanken, dass hier die besten Köpfe gesucht werden. Mit Heads! wollen wir eine Marke platzieren – speziell in Bezug auf die Qualität der Suchprozesse, die unseren Klienten und Kandidaten ein Höchstmaß an Sicherheit bieten, und nicht zuletzt für unsere eigenen Mitarbeiter. Wir wollen diesen eine »gute Heimat« geben, und dabei gerade nicht die Namen der Gründer in den Vordergrund stellen. Diese ewig langen Namenslisten, unter denen auch viele Anwaltskanzleien firmieren, wollten wir ganz bewusst nicht. Wir haben einen Namen gesucht, der international zu verstehen ist und der gleichzeitig ausdrückt, was wir tun.

Welche Fehler machen Kandidaten, wenn sie von Ihnen angesprochen werden? Gibt es typische Patzer, die immer wieder vorkommen?
In der momentanen wirtschaftlichen Situation sind viele Bewerber auf dem Markt, die eine neue Position suchen. Etliche von ihnen senden völlig unfrisierte und unstrukturierte Bewerbungen in einem Rundumschlag an alle möglichen Personalberatungen. Oft haben sie sich nicht einmal Gedanken darüber gemacht, wo eigentlich ihre Schwerpunkte und Erfahrun-

gen liegen. Das ist eine Zumutung! Man kann und will sich als Personalberater gar nicht ernsthaft damit auseinander setzen. Die Bewerber sollten sich vorher wirklich informieren, welche Personalberatungsunternehmen für sie die richtigen sind und ganz gezielt und gut vorbereitet nur diese kontaktieren. Die eigene Präsentation sollte gut überlegt sein: Kurze, strukturierte, präzise Informationen über die beruflichen Stationen und Qualifikationen. Dazu kommen kleine Szenarien: Wo will ich eigentlich hin? Was befähigt mich? Wenn sich ein Bewerber gleichzeitig bei 20 Personalberatungen vorstellt und sich wie »sauer Bier« anbietet, spricht sich das übrigens herum.

Die Kandidaten müssen sich außerdem in Geduld üben! Wir werden nur dann tätig, wenn wir von einem Unternehmen beauftragt sind. Deshalb nutzt es nichts, wenn mich jemand zehnmal anruft und bedrängt: »Sie haben mir immer noch nichts angeboten!« Wenn ich keine Aufgabe habe, die wirklich passt, ist Geduld angesagt! Wir schicken nicht einfach ein Paket mit Kandidatenprofilen an irgendwelche Kunden. Zwar gibt es auch das in der Branche! Aber das sind die schwarzen Schafe! Das ist keine Personalberatung. Wenn ich einen Auftrag habe, nehme ich mir die Zeit, einen Kandidaten ausführlich zu interviewen und zu klären: Wie passt er zur Firma, zur Kultur, zur Aufgabe, welches ist die »Story«, die seiner Qualifikation und seinem Berufsweg gerecht wird?

Was können Bewerber tun, um auf Ihren Radarschirm zu kommen?
Wir arbeiten vor allem im oberen Segment, im Executive Search. Da fallen uns natürlich die Kandidaten auf, die Veröffentlichungen in Fachmedien bringen oder Vorträge auf Kongressen halten. So werden wir auf sie aufmerksam und sprechen sie von uns aus an. Das ist der optimale Weg.

Die meisten Headhunter sind Männer. Sind Sie in Ihrer Branche eine Ausnahmeerscheinung?
Es ist immer noch fast überall so, dass Männer in der Wirtschaft dominieren. Ich habe 1971 die Gruppe Nymphenburg gegründet, eine führende Unternehmensberatung für Handel und Konsumgüterindustrie. Da war ich auch die einzige Frau. In der Personalberatung gibt es schon etliche

Frauen, aber an der Spitze? Nein. Eigentlich erfordert der Beruf des Headhunters genau die Fähigkeiten, die man klassischerweise Frauen zuspricht: Sensibilität, die Fähigkeit, sehr sorgfältig auf die Bedürfnisse des auftraggebenden Unternehmens einzugehen. Ich glaube, Frauen haben eine gute Begabung als Personalberaterinnen. Aber die Härte des Jobs kommt Frauen, die sich um ihre Familie kümmern wollen, nicht gerade entgegen. Es ist sehr viel Arbeitseinsatz gefordert, vor allem auch am Abend und am Wochenende. Mit vielen Kandidaten können Sie eben nur zu diesen »Unzeiten« Interviews machen!

Gibt es Punkte, die Bewerber unbedingt über Headhunter wissen sollten, die aber in der Öffentlichkeit nicht so bekannt sind?
Hier fällt mir das Thema »Lügen« ein. Lügen und beschönigen ist das Dümmste, was man in der Zusammenarbeit mit einem Headhunter machen kann. Zum Beispiel, indem man versucht, die Gründe für die Trennung von einem Unternehmen zu vertuschen. Es gibt im Leben eines jeden Menschen Brüche. Menschen trennen sich von anderen Menschen oder von Aufgaben. Wenn ich diese Brüche kenne, kann ich mit dem Kandidaten darüber sprechen und mit ihm gemeinsam überlegen, wie ich das dem Klienten erkläre, und damit für den Kandidaten eine faire Chance für die neue Aufgabe generieren. Wenn der Kandidat jedoch lügt und diese Lüge im Gespräch beim Klienten zu Tage kommt, ist es aus. Wenn jemand zum Beispiel verschweigt, dass er bereits einen Freistellungsvertrag in der Tasche hat – dann breche ich den Kontakt zu ihm ab. Denn wenn ich dem Kandidaten nicht vertrauen kann, dann möchte ich nicht mit ihm zusammenarbeiten. Außerdem gibt das einen Imageverlust beim Klienten. Ein weiterer Punkt: Es ist ganz wichtig, dass die Kandidaten – und das gilt vor allem für Männer – rechtzeitig mit ihrer Partnerin oder ihrem Partner über eventuelle Umzugspläne sprechen. Darauf reite ich in den Gesprächen immer sehr stark herum. Manche schieben das so lange vor sich her, dass schon der Arbeitsvertrag mit dem Unternehmen fertig auf dem Tisch liegt. Und dann sagen sie ab. So eine kurzfristige Absage kann mal vorkommen – zum Beispiel, wenn das jetzige Unternehmen des Kandidaten ihm plötzlich alle Wünsche erfüllt und/oder der Kontrahent plötzlich aus-

scheidet, dessentwegen er das Unternehmen verlassen wollte. Aber ich denke, grundsätzlich muss ein Kandidat/eine Kandidatin sich einen beruflichen Wechsel sehr genau überlegen und dann mit seinem/ihrem Partner besprechen. Vor allem, wenn ein Ortswechsel ansteht. Ein Manager kann nicht eine Woche vor der Vertragsunterzeichnung zu seiner Frau und seinen Kindern sagen: Jetzt ziehen wir nach Hamburg! Viele Männer glauben immer noch: Wenn ich meiner Frau erzähle, was ich für ein tolles Angebot habe, springt sie schon mit. Aber das kann voll ins Auge gehen. Und für den Klienten wie den Personalberater entsteht ein Riesenproblem: Sie stehen wieder am Anfang der Suche, die vom »Neuen« zu bewältigenden Aufgaben bleiben liegen, Unternehmen und Mitarbeiter leiden unter der Situation. Auch finanziell ist es ein herber Verlust.

Kandidaten erzählen oder: Wie man sein Selbstbewusstsein stärkt

»Das Gespräch hat mir klar gemacht: Ich bin gesucht in der Industrie«

Matthias Schuhmann (Name geändert), Atmosphärenforscher aus Karlsruhe, wurde von einem Headhunter-Anruf zu Hause überrascht. Wie das? Seine Mutter hatte die Ehefrau eines Headhunters kennen gelernt und ihr beiläufig erzählt, dass ihr Sohn gerade seine Promotion abgeschlossen hatte. Die Frau des Headhunters bat sofort um Schuhmanns Telefonnummer – sie wusste, dass ihr Gatte just händeringend nach hoch qualifizierten Physikern suchte. Noch am selben Tag klingelte bei Schuhmann das Telefon. Der frisch promovierte Physiker war sehr zufrieden mit seiner Arbeit am Forschungsinstitut und hatte keine konkreten Absichten, in einen neuen Job zu wechseln. Dennoch ließ er sich die Chance nicht entgehen und verabredete sich mit dem Headhunter zu einem persönlichen Treffen.

Was hat Sie daran gereizt, sich mit einem Headhunter zu treffen?
Für mich war es in erster Linie eine Übung. Der Grundgedanke war: Okay, da ist jemand, der regelmäßig viele Vorstellungsgespräche macht. Ich dagegen hatte erst drei oder vier Vorstellungsgespräche in meinem Leben absolviert. Also dachte ich mir: Mach doch einfach mal so ein Gespräch mit einem Headhunter, damit du mehr Erfahrung bekommst. Und vielleicht ist der Job ja auch nicht schlecht. Ich war wirklich etwas nervös, als ich zu ihm gefahren bin.

Und wie lief das Gespräch?
Ich hatte vorher ein Buch zum Thema »Fragen im Vorstellungsgespräch« gelesen. Die Autoren sagen in diesem Buch nicht, was man konkret antworten soll, aber sie sagen, was hinter den Fragen steckt – und das ist ziemlich gut. Es war richtig witzig: Der Headhunter ist genau nach diesem Fragenkatalog vorgegangen. Ich wusste also immer schon, wie das Gespräch weiter läuft, und habe jedes Mal gedacht: Jetzt kommt bestimmt diese Frage ... und genau: Dann kam die Frage.

War das Gespräch also wie ein Theaterstück mit verteilten Rollen?
Genau! Zu wissen, wie das Gespräch ablaufen wird, hat mich sogar ein wenig euphorisch gemacht. Ich war dann aber sowieso ziemlich locker während des Treffens, weil ich den Job ja nicht unbedingt haben wollte. Das Gespräch damals hat mir klar gemacht: Ich bin gesucht in der Industrie. Ich könnte dort einen Job bekommen, wenn ich wollte. Und das hat mir Selbstbewusstsein gegeben.

Was war der Headhunter für ein Typ?
Ich muss sagen: Persönlich würde ich ihn wahrscheinlich nicht mögen. Er war so ein Wirtschaftsmensch – sehr kommunikativ, aber mit einer Art aufgesetzter Freundlichkeit. Er war zuvorkommend und wirkte sehr souverän. Dennoch war es angenehm, sich mit ihm zu unterhalten. Ich bin aus der Wissenschaft allerdings einen etwas anderen Umgang gewöhnt – bei uns ist es viel kollegialer.

Und was für einen Job hat er Ihnen letztendlich angeboten?
Informationen über die Firma, für die er suchte, hat er nur häppchenweise herausgerückt. Richtig erfahren, um welche Firma es geht, habe ich nicht am Telefon, sondern erst bei ihm vor Ort. Er hat mir dann Firmenprospekte gezeigt: Es war ein Unternehmen, das optoelektronische Bauteile und Geräte herstellt. Ein Gebiet, von dem ich relativ wenig Ahnung habe! Spätestens in dem Augenblick war mir klar, dass das überhaupt nicht meine Stelle ist.

Der Headhunter hat offenbar auch nicht viel Ahnung von Physik gehabt, wenn er gar nicht zuordnen konnte, dass Optoelektronik etwas ganz anderes ist als Atmosphärenforschung?
Das habe ich mir auch gedacht. Ich hatte das Gefühl: Er hat auf Biegen und Brechen jemanden gesucht. Oder er hat einfach nur die Persönlichkeit angeschaut nach dem Motto: Wie ist dieser Mensch? Ist er kommunikativ? Das Fachwissen kann man ja lernen.
Kommunikationsfähigkeit wäre wichtig gewesen für den Job, weil man viel mit anderen Menschen zu tun gehabt hätte. Der Job war eine Art Schnittstelle zwischen Entwicklern und Anwendern. Aber es schien mir wirklich so, als suche dieser Headhunter dringend jemanden. Ich habe immer geglaubt, dass Headhunter nur Leute mit Berufserfahrung suchen, und ich war damals gerade erst frisch promoviert. Jedenfalls hat er mir den Job angeboten und gesagt: »Wissen Sie was? Ich hab so ein gutes Gefühl bei Ihnen, Sie sind geeignet für diese Position. Wenn ich noch mal mit dem Chef rede, haben Sie den Job.« Ich hätte mich zwar bei dem Unternehmen noch mal vorstellen müssen, aber ich schätze, das wäre eher Formsache gewesen. Dann wollte er noch wissen, wie gut mein Englisch ist und hat gesagt: »Könnten wir das Gespräch jetzt auch auf Englisch weiterführen?« »Yes, of course«, hab ich dann gesagt, und wir haben uns zehn Minuten auf Englisch unterhalten.

Und wie war das Englisch von diesem Headhunter?
Ehrlich, nicht wesentlich besser als meines.

Hatten Sie das Gefühl, dass der Headhunter Sie während des Interviews scharf beobachtet hat – um bei Ihnen gewissermaßen »hinter die Kulissen« zu schauen?
Nein, das Gefühl hatte ich nicht. Er ist wirklich nur danach gegangen, wie man so ist, zum Beispiel, ob man ehrlich ist. Er hat mich auch nach meinen Hobbys gefragt, und ich habe ihm erzählt, dass ich ein bisschen jongliere. Weil auf dem Tisch eine Schale mit Äpfeln lag, habe ich ihn gefragt, ob ich's ihm mal zeigen soll? »Ja, machen Sie nur!«, hat er gesagt, und dann habe ich mit drei Äpfeln jongliert.
Ich glaube, dieser Headhunter hat nicht viel Ahnung von Physik gehabt, aber ich denke auch, dass er mehr auf die Person als auf das Fachliche schauen sollte. Jemand, der Physik studiert hat, kann sich auf fast allen artverwandten Gebieten einarbeiten. Es kommt auf die Person an. Und ich denke, meine Jonglier-Einlage hat er positiv aufgenommen. Der fand das bestimmt gut.

Würden Sie diesen Headhunter anrufen, wenn Sie mal einen Job suchen?
Das habe ich mir auch schon überlegt. Ich denke, ja. Ich hatte ihm auch ein Exemplar meiner Dissertation mitgebracht und glaube, das hat einen guten Eindruck auf ihn gemacht. Auch, weil die Arbeit in Englisch verfasst ist. Er hat die Dissertation erst mal behalten und später vielleicht etwas drin gelesen. Irgendwann hat er sie mir dann aber wieder zurückgeschickt. Seitdem hatte ich keinen Kontakt mehr mit ihm. Im Augenblick steht ein Jobwechsel für mich allerdings sowieso nicht an, ich bleibe jetzt zunächst mal in der Atmosphärenforschung.

»Man profitiert von Personalberatern, weil man seinen Marktwert abzuschätzen lernt«

Antje Stein (Name geändert) ist PR-Spezialistin für E-Commerce. Als die New Economy noch boomte und verzweifelt nach Leuten suchte, die der Öffentlichkeit klipp und klar erklären konnten, warum das Internet die

Wirtschaft revolutioniere, klingelten in ihrer Abteilung die Telefone reihum. Die Headhunter waren sich nicht zu schade, einen nach dem anderen anzurufen und zu einem Jobwechsel zu bewegen. Antje Stein hat sich bewegen lassen. Jetzt ist sie »Director Public Relations« bei einem Start-up, das heute zu einem der erfolgreichsten Unternehmen für elektronische Zahlungssysteme zählt.

Das Telefon klingelt, man nimmt den Anruf entgegen, meldet sich, ahnt nichts – und auf einmal ist es der Headhunter! Was ist das für ein Gefühl?
Als der erste Anruf kam, war ich total perplex. Ich wusste schon, das so etwas mal passieren kann, aber ich war in meiner Karriere jetzt nicht unbedingt so weit, dass ich dachte, dass es mich treffen würde. Tja, und dann sitzen die Kollegen gegenüber und man stammelt ein bisschen herum: »Em, es passt jetzt gerade nicht …« Das ist wirklich so.

Haben Sie jemandem von dem Anruf erzählt?
Im Freundeskreis schon. Später, als es in der Agentur sehr massiv wurde mit den Anrufen, haben wir sogar in der Mittagspause darüber gesprochen, welcher Headhunter wieder die ganze Abteilung durchtelefoniert hat. Zum Teil haben wir uns dann die angebotenen Jobs gegenseitig zugeschanzt.

Unter den zahlreichen Anrufern waren sicher sehr seriöse Headhunter, aber auch ein paar dubiose. Kann man den Unterschied schon am Telefon bemerken?
Es gab welche, die haben sich schon am Telefon merkwürdig verhalten. Aber meistens hat man es erst später gemerkt. Sie haben zum Beispiel gesagt, sie würden sich später noch einmal melden oder haben irgendeine anonyme E-Mail-Adresse von z.B. Hotmail durchgegeben, an die man dann Unterlagen schicken sollte – und dann hat man nie wieder etwas von ihnen gehört. Dann gab es die anderen, die sehr, sehr seriös waren: Zuerst kam ein Anruf, dann folgte das persönliche Gespräch, dann wurde in einem Brief bestätigt, dass das Profil dem auftraggebenden Unternehmen vorgelegt wurde, später kam dann eine Zu- oder Absage.

Läuft ein persönliches Interview bei einem Headhunter anders ab als bei einem Personalverantwortlichen in einem Unternehmen?
Ich persönlich finde schon, dass es anders läuft. Ganz auffällig ist, dass die Gehaltsfrage sehr im Mittelpunkt steht. Bei einem Vorstellungsgespräch in einem Unternehmen ist dies eher die allerletzte Frage – darauf ist man vorbereitet. Bei einem Headhunter hat man keine Ahnung, um welchen Job es überhaupt geht, und kann sich entsprechend auch nicht überlegen, was man verlangen könnte. Trotzdem ist dies immer eine der ersten Fragen gewesen: »Wenn Sie wechseln würden, welche Gehaltsvorstellungen hätten Sie denn?«
Und noch etwas: Ich persönlich war wesentlich lockerer im Gespräch mit dem Headhunter. Man telefoniert privat, steht unter keinem Druck. Das Gespräch läuft auf einer Ebene: Ich war damals PR-Consultant, und die Gesprächspartner waren Consultants in einer Personalberatung. Man hat nett miteinander gesprochen, fast wie unter Kollegen.

Nach dem Interview mit dem Headhunter folgt das persönliche Gespräch mit dem Unternehmen, das den Personalberater beauftragt hatte. War der Berater bei dieser Runde mit dabei?
Wenn ich mich bei einem Unternehmen vorgestellt habe, waren die Personalberater nicht dabei. Bei der Stelle, die ich jetzt innehabe, hat die Personalberaterin nach der Vertragsverhandlung noch einmal bei mir angerufen, um nach der Höhe meines zukünftigen Jahresgehaltes zu fragen. Das ist ja wohl die Grundlage für ihre Provision, und ich glaube, sie wollte das offenbar noch einmal von meiner Seite gegenchecken.

Viele Headhunter bieten ihren Kunden an, den neu vermittelten Kandidaten auch während der Einarbeitungszeit zu betreuen. War das bei Ihnen auch der Fall?
Ich hatte mit der Dame hinterher noch per E-Mail Kontakt und sie ist einmal im Büro vorbeigekommen, um Guten Tag zu sagen. Aber Betreuung würde ich das nicht nennen. Ich wurde nicht gefragt, ob alles in Ordnung ist, ob ich Unterstützung brauche oder so etwas – nein, das nicht. Aber diese Personalberaterin hält schon Kontakt mit ihren ehemaligen

Klienten. Sie hat jetzt offenbar das Unternehmen gewechselt und allen eine E-Mail geschickt, dass man sich nun unter ihrer neuen Adresse gern wieder an sie wenden könne, falls man wieder etwas Neues sucht.

Wissen Ihre Kollegen, dass Sie »gehuntet« worden sind?
Das wissen nicht alle, aber die im näheren Umfeld wissen es schon. Wenn ich früher von jemandem gehört habe, dass er von einem Headhunter angesprochen worden ist, habe ich immer gedacht: Das muss ja ein ganz toller und begabter Mensch sein! Später habe ich oft das Gefühl gehabt, dass es von Seiten der Personalberater eher eine wahllose Ansprache gab. Da wurden irgendwelche Namen angerufen, die unter Pressemeldungen aus dem Bereich E-Commerce gestanden haben. Die hatten keine Ahnung, wer man ist, und haben es einfach probiert.

Wenn Sie einen neuen Job suchen würden, könnten Sie sich vorstellen, einen von diesen Personalberatern wieder anzurufen?
Das würde ich schon tun. Ich habe zwei gute Kontakte zu Personalberatungen behalten. Beide haben mich aufgefordert, meine Daten durchzugeben, wenn ich einmal umziehen sollte. Die würde ich wohl auch anrufen.

Und wenn Sie einen neuen Berater aussuchen sollten – nach welchen Kriterien würden Sie vorgehen?
Oh, das ist ziemlich schwierig. Vielleicht würde ich schauen, ob es welche gibt, die auf den Kommunikationsmarkt spezialisiert sind, oder deren Name mir etwas sagt. Aber ich würde auf keinen Fall meine persönlichen Daten an irgendeine Adresse schicken, bei der ich nicht weiß, wer dahintersteckt.

Haben Ihnen die vielen Gespräche mit Personalberatern einen Nutzen gebracht?
Für mich war das größte »Learning« an der ganzen Headhunter-Geschichte das »Sich-selbst-Verkaufen«. Das ist etwas, das man – vielleicht gerade als Frau? – nicht unbedingt gelernt hat und nicht unbedingt gut kann. Man denkt: Ich fordere lieber nicht zu viel! Am Anfang habe ich von einer

Personalberaterin einmal den Hinweis bekommen: »Sie sind ja ganz schön bescheiden. In Ihrer Branche könnten Sie viel mehr Geld oder Leistungen verlangen!« Das fand ich sehr hilfreich. Ich denke, man profitiert aus jedem Gespräch mit einem Personalberater, weil man seinen Marktwert abzuschätzen lernt. Wenn dann das ernsthafte Vorstellungsgespräch im Unternehmen stattfindet, kann man sich vernünftig platzieren.

»Chef, ich will mehr Geld!«

Barbara Meyer-Wiedmann (Name geändert) ist Touristik-Expertin. Sie hat das Angebot eines Headhunters dazu genutzt, bei ihrem jetzigen Unternehmen nach neuen Bedingungen zu fragen. Und siehe da: Am nächsten Tag hatte sie einen tollen neuen Posten bei ihrem alten Chef und konnte dem Headhunter getrost absagen.

Wie war das, als der Headhunter zum ersten Mal bei Ihnen anrief?
Ach, man fühlt sich schon ein bisschen gebauchpinselt! Denn im Hinterkopf hat man ja doch die Vorstellung: Headhunter rufen nur tolle Leute an! Es war schon aufregend, als die Personalberaterin hier im Büro anrief, denn es hat schon ein bisschen was Heimlichtuerisches. Es ist schon ganz anders, als wenn man sich jetzt irgendwo anders bewerben würde! Man tut etwas hinter dem Rücken des Unternehmens und kommt sich wirklich so vor, als wäre das, was man da tut, überhaupt nicht okay.

Wie lief das Gespräch mit dem Headhunter ab?
Das Gespräch fand mit zwei Headhuntern statt – einer Frau und einem Mann. Ich musste zum Flughafen fahren, dort hatten sie im Sheraton-Hotel ein Büro angemietet. Ich habe ein bisschen über mich und über mein Aufgabengebiet erzählt, im Gegenzug haben die beiden Berater mir erklärt, um was für einen Job es eigentlich gehen soll.
Der zweite Gesprächstermin fand in diesem Unternehmen selbst statt, zusammen mit meiner potentiellen zukünftigen Chefin. Ich habe diesen Job dann aber doch nicht angenommen, weil ich meinem damaligen Chef »die

Pistole auf die Brust gesetzt« habe: »Eine neue Aufgabe, ein besseres Gehalt – sonst kündige ich morgen«. Man liest zwar immer, dass man so etwas auf keinen Fall tun sollte, aber dann ging es auf einmal ganz schnell: Am nächsten Tag hatte ich einen neuen Posten in meinem alten Unternehmen.

Wie unterschied sich das Gespräch mit dem Headhunter von dem Gespräch im Unternehmen?
Man weiß nicht wirklich, mit wem man redet. Und man weiß, dass der Headhunter, mit dem man spricht, am Ende nicht die Entscheidung trifft, sondern nur der Mittelsmann ist. Das Interview war schon aufregend, aber als ich da saß, dachte ich: Warum habe ich mich eigentlich so verrückt gemacht? Das sind doch auch nur Menschen. Sie geben nur ihren Eindruck von dir und deine Unterlagen weiter an die Firma. Es ist alles halb so wild ...

Wenn Sie jetzt doch einmal einen anderen Job suchen würden – könnten Sie sich vorstellen, von sich aus noch einmal bei einem Headhunter anzurufen?
Ja, natürlich! Ich weiß nicht, ob ich genau diese Personalberater wieder anrufen würde. Aber ein Kollege von mir hat zum Beispiel einen festen Headhunter, bei dem er immer seine aktuellen Unterlagen hinterlegt. Dieser Headhunter hat ihm schon mehrere Jobs vermittelt.

Mehrere Jobs?
Ja, er hat in den letzten Jahren ein paarmal das Unternehmen gewechselt. Er arbeitet immer mit ein und demselben Headhunter zusammen und ist offenbar ganz zufrieden mit der Betreuung. Andere Kollegen machen wiederum ganz andere Erfahrungen: Sie werden so oft von Headhuntern angerufen, dass sie sagen: Headhunter sind wie Schmeißfliegen. Sie stören mehr, als dass sie etwas bringen ... Aber grundsätzlich denke ich: Wenn man etwas Spezielles sucht, ist es viel einfacher, direkt über einen Headhunter zu gehen als anzufangen, in der *F.A.Z.* herumzublättern. Also ich hätte null Probleme damit ...

Personalverantwortliche erzählen
oder: Wie arbeitet man mit Jägern zusammen und hält Wilderer ab

»Headhunter sollten für uns auch Unternehmensberater sein«

Hans-Jürgen Bers, Abteilungsleiter Personalentwicklung bei der DGZ Deka Bank in Frankfurt am Main, arbeitet regelmäßig mit Headhuntern zusammen: mit den »Grandseigneurs« vom alten Schlage, aber auch mit den jungen, smarten Headhuntern, die sich auf die schnelle und systematische Suche spezialisiert haben – je nachdem, welche Position er zu besetzen hat. Im eigenen Haus freilich versucht er, wildernden Headhuntern das Handwerk zu legen.

In welchen Fällen setzen Sie Personalberater ein?
Das ist recht unterschiedlich, je nachdem, von welcher Methode wir uns den größten Erfolg erhoffen. Bei der Besetzung von Top-Positionen – die erste und zweite Ebene unterhalb des Vorstands – werden in der Regel Personalberater eingesetzt. Außerdem bei Positionen im Spezialistenbereich oder im Mittelmanagement, wo wir von einer Anzeigenschaltung nicht den gewünschten Erfolg erwarten. Und dann gibt es noch ein paar Sonderfälle, wo wir sehr viele Leute brauchen und verschiedene Methoden parallel einsetzen. Personalberater, die auf Erfolgsbasis arbeiten, schicken uns außerdem unaufgefordert Profile zu.

Wenn Sie eine Stelle zu besetzen haben – nach welchen Kriterien wählen Sie den Personalberater aus?
Folgende Kriterien spielen eine Rolle: Personalberater, die wir schon länger kennen, mit denen wir erfolgreich zusammengearbeitet haben und denen wir vertrauen, beauftragen wir immer wieder. Das zweite Kriterium ist die Marktkenntnis: Einige sind auf Fonds-Management spezialisiert, andere konzentrieren sich auf den IT-Bereich oder das Immobiliengeschäft. Das dritte Kriterium ist das Segment, in dem der Personalberater tätig ist: Einige arbeiten ausschließlich für Top-Positionen, andere kümmern sich auch

um Spezialistenfunktionen. Dazu kommen regionale Aspekte: Einige kennen sich zum Beispiel auf dem Berliner Markt gut aus, andere sind internationaler ausgerichtet. Wenn wir auf internationalem Niveau suchen, dann entscheiden wir uns natürlich für einen Personalberater, von dem wir wissen, dass er internationale Kontakte hat. Dann spielen auch die so genannten »Off-limits« eine Rolle: Das sind Unternehmen, in denen der Personalberater nicht nach Kandidaten suchen darf, weil er z.B. mit diesem Unternehmen ebenfalls Geschäftsbeziehungen unterhält.

Was sollte ein Headhunter Ihnen an Service-Leistungen bieten?
Die Service-Leistungen sind mehr oder weniger standardisiert, es gibt lediglich welche, die machen es mehr oder weniger gut. Es gibt auch noch ein paar Dinge drumherum. Der übliche Ablauf ist so: Es findet ein Beratungsgespräch statt über die zu besetzende Position; dann gibt es ein Positionsprofil, das wir abgleichen; dann stimmen wir die Konditionen und Rahmenbedingungen ab und die Liste der Zielfirmen. Idealerweise bekommen wir Zwischenberichte über den Stand der eingegangenen Bewerbungen, wie viele Kandidaten kontaktiert und wie viele Gespräche geführt wurden. Mindestens bekommen wir aber Bewerberprofile, auf deren Basis wir entscheiden, ob wir ein erstes Gespräch führen. Manche bieten den Service, bei diesen Gesprächen mit dabei zu sein – wobei das von unserer Seite aus nicht unbedingt der Fall sein muss. Auf der Basis entscheiden wir dann.
Was für uns eine wichtige Rolle spielt: Wir arbeiten sehr gerne mit Personalberatern zusammen, die als Dienstleistung nicht nur den »Search« einbringen, sondern die den Markt auch so gut kennen, dass sie uns wie Unternehmensberater unterstützen können. Sie können uns zum Beispiel sagen, wie unsere Strukturen und Gehälter im Vergleich zu anderen Häusern aussehen.

Wenn der Auftrag abgewickelt ist und die neue Person bei Ihnen im Unternehmen arbeitet, findet in der Einarbeitungszeit noch eine Betreuung durch den Headhunter statt?
Die Personalberater haben von sich aus Interesse, diese Begleitung zu leis-

ten, weil in den meisten Beraterverträgen eine Klausel enthalten ist, die sich auf die »erfolgreiche Vermittlung« bezieht. Darunter wird nicht nur die Vertragsunterschrift und der Antritt des Arbeitsverhältnisses verstanden, sondern auch eine positiv überstandene Probezeit. Das hat zur Folge, dass die Personalberater ein Interesse daran haben, dass sich die Leute im Unternehmen gut bewähren. Sonst geht ihnen ein Teil des Honorars verloren, oder sie müssen die Suche noch einmal neu starten. Für uns als Unternehmen kann diese Betreuung ein zweischneidiges Schwert sein: Denn immerhin »fuchteln« die Berater während dieser Zeit in unserem Unternehmen herum.

Wie reagieren Sie, wenn Sie mitbekommen, das Headhunter in Ihrem Unternehmen anrufen und versuchen, Personal abzuwerben?
Das können wir nicht ganz vermeiden. Aber wir verfolgen hier zwei Ansätze. Zum einen haben wir unsere Mitarbeiter für das Thema sensibilisiert, insbesondere die, die in den Schaltstellen arbeiten: in der Telefonzentrale und in den Sekretariaten. Mit ihnen haben wir »Anti-Headhunting-Schulungen« durchgeführt und haben in unserem Intranet einen Leitfaden veröffentlicht, der erklärt, wie sie sich verhalten sollten. Dabei geht es uns gar nicht darum, dass Arbeitszeit verloren geht, wenn unsere Mitarbeiter Telefongespräche mit Headhuntern führen. Es geht uns vor allem darum, dass nicht leichtfertig Informationen über unser Haus und unsere Mitarbeiter herausgegeben werden. Das ist eine Sache der Sicherheit und der Vertraulichkeit. Denn die Headhunter haben mitunter Methoden, die dazu verleiten, auch vertrauliche Informationen nach außen zu geben.
Der zweite Ansatz zielt auf uns Personaler: Wir versuchen, Informationen über die Headhunter zu bekommen, die versuchen, bei uns Leute abzuwerben, und führen spezielle Austrittsinterviews mit den Mitarbeitern, die uns verlassen – natürlich auf freiwilliger Basis. Wir brauchen diese Informationen für unsere Marktkenntnis: Vielleicht finden wir so einen Headhunter, der auch für uns interessante Arbeit leisten könnte. Aber wir wollen natürlich auch ein Controlling über die Personalberater haben, die bei uns wildern und gleichzeitig mit uns in Geschäftsbeziehungen stehen bzw. gestanden haben.

Viele Headhunter haben einmal als Personalverantwortliche in einem Unternehmen angefangen. Könnten Sie sich vorstellen, selbst in das Personalberatungsgeschäft überzuwechseln?
Für mich persönlich käme das im Moment nicht in Frage. Einfach deshalb, weil es im Verhältnis zu meiner jetzigen Aufgabe als Personalentwickler und Recruiter eine starke Einschränkung auf einen bestimmten Fokus wäre. Was mir fehlen würde, wäre die Herausforderung, ein Unternehmen insgesamt durch ein vernünftiges Personalmanagement, durch konzeptionelles und strategisches Arbeiten nach vorne zu bringen. Also: der langfristige Erfolg und zu sehen: Was trage ich dazu bei?

Was schätzen Sie denn an der Persönlichkeit von Headhuntern?
Es gibt in diesem Feld zwei Gruppen: Einmal die »vom alten Schlage«, das sind die »Grandseigneurs«, die noch gelernt haben, sehr individuell zu arbeiten. Dort macht die Persönlichkeit sehr viel aus, der Erfahrungshintergrund, die Fachkenntnisse in der jeweiligen Branche und die Seriosität. Das ist allerdings eine Spezies, die – »ausstirbt«, wäre zu hart formuliert –, aber die im Rückgang begriffen ist.
Der zweite Typus ist der eher junge, professionell und schematisch arbeitende Headhunter, bei dem es in erster Linie ums Geschäft geht. Diese Leute verstehen es, verschiedene Rekrutierungs-Tools miteinander zu verbinden. Sie haben so ausgefeilte Methoden, dass sie dieses Geschäft einfach nur noch managen. Das kann sehr gut und erfolgreich sein! Gerade wenn es nicht um Top-Positionen geht, sondern um Spezialisten, muss man heute so arbeiten.
In beiden Gruppen gibt es schwarze Schafe: In der ersten Gruppe ist es – um es als Klischee zu formulieren – der abgehobene und »gelackte Golfer«, der nur noch mit seinem Siegelring durch die Welt jettet und von seinen alten Beziehungen lebt. Bei der anderen Gruppe wäre es jemand, der ein Massengeschäft schlecht abwickelt.
Als Unternehmen brauchen Sie im Grunde beide Typen Headhunter: Wenn Sie eine Vorstandsposition besetzen, brauchen Sie die Beziehungen und ein entsprechendes Auftreten. Sie müssen die wenigen in Frage kommenden Kandidaten kennen und sich auf den entsprechenden Ebenen be-

wegen. Wenn Sie dagegen einen IT-Spezialisten suchen, müssen Sie den ganzen Rekrutierungs-Apparat anwerfen und diese Zielgruppe so ansprechen, wie sie es braucht. Hier arbeiten ganz andere Menschen, die auch an die Zusammenarbeit mit einem Personalberater völlig andere Ansprüche stellen.

Welche Rolle werden denn Ihrer Einschätzung nach Personalberater in Zukunft spielen?
Das ist eine schwierige Frage! Ich denke, die Personalberatung wird es auch weiterhin geben. Sie muss sich ein bisschen wandeln: Weg von diesen alten, edlen Top-Segmenten – denn das wird eher weniger werden – hin zu einer permanenten Karriere-Begleitung. Es gibt heute schon sehr viele Personalberater, die »ihre« Leute ein Leben lang betreuen. Das widerspricht zunächst einmal der Grundidee, dass ich als Berater qualifizierte Manager nicht mehr aus dem Unternehmen heraushole, in das ich sie vermittelt habe – solange ich mit diesem Unternehmen in Geschäftsbeziehungen stehe. Es funktioniert trotzdem sehr gut, denn umgekehrt sind diese Manager ja in verantwortungsvollen Positionen und brauchen ihrerseits die Dienstleistung eines Beraters.
Insgesamt verändert sich die Dienstleistungspalette der Personalberater zunehmend, weil man die vorhandenen Systeme und Kommunikationsformen miteinander verbinden muss. Es ist nicht mehr nur das Telefon und das Gespräch hinter verschlossenen Türen, mit dem Personalberater arbeiten. Es geht heute darum, unterschiedliche Formen der Suche, der Vermittlung, der Kommunikation und der Beratung miteinander zu kombinieren.

»Verhalten Sie sich im Unternehmen so, wie Sie sich beim Headhunter verhalten haben«

Hans-Michael Helmstedt (Name geändert) hat in jungen Jahren Karriere gemacht, ein Werk im Ausland mit aufgebaut und ist heute Personalmanager eines mittelständischen Betriebes, der technische Teile für die Automobilindustrie herstellt. Mit der Einführung innovativer Arbeitsmethoden hat er weit über die Branchengrenzen hinaus Zeichen gesetzt. Nicht zuletzt deshalb wird er regelmäßig von Headhuntern angerufen. In seiner Funktion als Personalmanager beauftragt Helm aber auch selbst immer wieder mal einen Headhunter.

Sie sind im Personalbereich tätig und arbeiten mit Headhuntern. Nach welchen Kriterien suchen Sie diese aus?
Erstens ist es wichtig, dass der Headhunter in dem Spektrum, in dem der Kandidat gesucht wird, Wissen, Erfahrung und Kontakte hat. Es gibt Headhunter, die auf bestimmte Branchen spezialisiert sind, wie zum Beispiel auf die IT-Branche. Andere sind auf bestimmte Hierarchie-Ebenen spezialisiert: Vorstände, Geschäftsführer etc.

Über welchen Weg bekommt man die besseren Kandidaten: Wenn man eine Anzeige schaltet oder wenn man einen Headhunter engagiert?
Das hängt vom Markt ab. Wenn der Markt sehr eng ist, macht es Sinn, über einen Headhunter zu gehen. Wenn man aber mit einer Anzeige in der *F.A.Z.* ein sehr breites Publikum ansprechen will, ist eine Anzeige sinnvoller. Die Kosten sind im Zweifelsfall ähnlich – aber die Anzeige ist schneller! Wenn ich eine Anzeige konzipiere, wird sie innerhalb einer Woche geschaltet, zwei Wochen lang gehen die Bewerbungen ein und dann hat man die Kandidaten ausgewählt, mit denen man Termine für Vorstellungsgespräche macht. Nach weiteren zwei Wochen kann man den ersten Kandidaten Verträge anbieten. Wenn es gut läuft, hat man die Personalsuche dann nach acht Wochen abgeschlossen.
Über einen Headhunter dauert es länger: Man muss mit ihm die Position besprechen, man muss überlegen, welche Zielunternehmen oder -branchen es gibt, damit er die richtige Suche startet. Dieser Prozess dauert allein schon drei bis vier Wochen. Bis dann die ersten Gespräche stattfinden, sind schon acht Wochen vorbei. Dann werden drei bis vier Kandidaten vorgestellt, und wenn kein passender dabei ist, muss noch einmal neu akquiriert werden. Dieser Prozess kann sich über ein halbes Jahr hinziehen.

Wie reagieren Sie, wenn Sie heute von einem Headhunter angerufen werden?
Mir machen meine Aufgaben sehr viel Spaß und deswegen sage ich meistens schon direkt am Anfang: »Nein danke, kommt überhaupt nicht in Frage.« Aus Interesse höre ich mir aber an, um was es geht. In letzter Zeit werde ich sogar noch häufiger angerufen als je zuvor. Das liegt daran, dass ich namentlich und mit Bild auf der Homepage meines Unternehmens erwähnt bin und ein Projekt leite, das in den Medien oft besprochen wird.

Halten Sie gezielt Kontakt zu einem oder mehreren Personalberatern, für den Fall, dass Sie sich beruflich verändern wollen?
Nein, das habe ich auch nicht geplant. Wenn ich einmal auf die Idee kommen würde, von meiner Seite aus aktiv zu werden, dann würde ich den Beratern, die ich kenne, sagen: Wenn Ihr irgendwo in Eurem Netzwerk eine interessante Position habt, sagt mir Bescheid.

Muss man sich Ihrer Erfahrung nach einem Headhunter gegenüber anders verhalten als gegenüber einem Personalmanager in einem Unternehmen?
Da sehe ich keinen großen Unterschied. Es geht immer darum, das, was man an Erfahrung und an Wissen hat, realistisch und positiv darzustellen. Und zwar so, dass der andere sagt: Sie sind genau der, den wir suchen.

Hat der Headhunter an Ihrem Vorstellungsgespräch im Unternehmen teilgenommen?
Im ersten Gespräch war er dabei. Er hat aber im Wesentlichen nur die Begrüßungsworte gesprochen und die Personen einander vorgestellt. Die Entscheider des Unternehmens und der Kandidat kennen sich ja persönlich überhaupt nicht, während der Personalberater alle Beteiligten kennt. Beim eigentlichen Gespräch hat er sich aber komplett zurückgehalten. Auch bei der Vertragsverhandlung hat der Headhunter keine Rolle gespielt.

Gab es eine Begleitung durch den Headhunter während der ersten 100 Tage im neuen Job?
Nein. Das wäre auch nicht erforderlich gewesen.

Wie haben die neuen Kollegen auf Sie reagiert, die wussten, dass Sie über einen Headhunter zu Ihrem Job gekommen sind?
Es wird im Unternehmen nicht unbedingt darüber gesprochen. Wenn man neu in ein Unternehmen kommt, ist man zunächst einfach »da«. Wie man an seine neue Stelle gekommen ist – über einen Headhunter oder über einen anderen Weg – das spielt keine große Rolle.

Sie haben in Ihrer Laufbahn schon mit vielen verschiedenen Headhuntern gesprochen. Wie würden Sie Headhunter beschreiben?
Sie sind natürlich alle unterschiedlich. Aber sie müssen alle den gleichen Anforderungen entsprechen: Sie müssen sehr kommunikativ sein, über eine gute Menschenkenntnis verfügen und mit Menschen sehr gut umgehen können. Denn der Mensch ist ja ihre »Ware«. Sie müssen sich also so auf ihren Kandidaten einstellen können, dass sie von ihm genau das erfahren, was für die gesuchte Funktion relevant ist. Umgekehrt brauchen sie auch ein gutes Gespür für das jeweilige Unternehmen, um zu wissen, was dort genau für ein Kandidatentypus gesucht wird.

Sie haben die doppelte Perspektive – als Kandidat und als Auftraggeber von Headhuntern. Was sollten Ihrer Einschätzung nach Bewerber über Headhunter wissen?
Vor allem, dass man vor Headhuntern keine Angst haben muss. Im Gegenteil: Das Gespräch mit den Headhuntern läuft oft viel lockerer ab als das Gespräch, das später im Unternehmen geführt wird. Deshalb kommt es immer wieder vor, dass Kandidaten im Gespräch mit dem Headhunter ganz offen kommunizieren und sehr positiv wirken, im Unternehmen dann aber viel verschlossener und zurückhaltender auftreten. Für mich als Personaler ist es natürlich auch interessant zu sehen, wie ein Kandidat in diesem zweiten, etwas stressigeren Gespräch reagiert. Denn dann weiß ich, wie er auch zukünftig im Berufsleben mit Stresssitu-

ation umgeht. Ich würde jedem Kandidaten den Tipp geben, sich im Unternehmen möglichst genau so zu verhalten, wie er sich beim Headhunter verhalten hat. Denn er wurde ja aufgrund dieser ersten Einschätzung in das Unternehmen eingeladen. Das heißt: Er war im ersten Gespräch gut. Deshalb sollte er im zweiten Gespräch einfach genauso auftreten.

Portraits der zwei bekanntesten Headhunter Deutschlands oder: Keulen, Keilen und Platzieren

Dr. Jürgen Mülder von Heidrick & Struggles, Mülder & Partner und der Einzelkämpfer Dieter Rickert sind die Altmeister unter den deutschen Headhuntern. Beide tummeln sich in der Oberliga der bundesrepublikanischen Management-Etagen: Sie jagen die besten der sehr guten Top-Manager mit Jahreseinkommen von 220 000 bis über 2,5 Millionen Euro. Beide sind erfolgreich, während andere in der Branche unter Umsatzeinbrüchen von über 40 Prozent ächzen. Beide kassieren »Kopfgelder« zwischen 75 000 und über 250 000 Euro für die aufgespürten Spitzenmanager. Beide hegen und pflegen ihr fein geknüpftes Beziehungsnetz im Rotary Club, auf Opernbällen, bei Festspielen und in Industrieverbänden. Beide haben die Nachkriegszeit und die Wirtschaftswunderjahre erlebt, tragen Rolex-Uhren, spielen Golf, lieben die Oper und rauchen Cohiba-Nr. 1-Zigarren.
Das sind die Gemeinsamkeiten der Altstars. Ihr Image in der Headhunter-Szene könnte jedoch verschiedener nicht sein. Während Mülder als »Gallionsfigur« der Branche, als »anständiger Kerl« bezeichnet wird, gilt Rickert als Enfant Terrible der Szene. In der »Königsmacherklasse«, in der diese beiden Jäger jagen, ist die Beute scheu und der Verdienst enorm – aber auch Neid und Missgunst (inklusive »Wadenbisse«) der übrigen Jagdmeute außerordentlich.[45]

Dr. Jürgen Mülder – Der Bergmann

Eigentlich wollte Jürgen Mülder Bergbaudirektor werden. 1937 in Celle geboren, arbeitete er nach dem Abitur ein Jahr als Bergmann. Danach studierte er Bergbau an der Technischen Hochschule in Clausthal-Zellerfeld, wo er auch promovierte. Doch schon 1964 war der Bergbau in der Krise. Mülder forschte einige Jahre an den Universitäten in Minneapolis, Minnesota und Berkley in Kalifornien, dann bei der Europäischen Atomenergiebehörde Euratom in Brüssel über die friedliche Nutzung der Atomkraft. 1967 besuchte Mülder Europas Kaderschmiede Insead in Fontainebleau bei Paris (diese Kontakte dürften ihm später einiges genutzt haben). Das Studiengeld besorgte er sich bei der VW-Stiftung.
Ende der sechziger Jahre nahm Mülder das Angebot von »zwei Harvarderzogenen« Headhuntern an, das Büro der Personalberatung Spencer Stuart in Zürich aufzubauen. Anschließend ging er nach Brüssel und Frankfurt. 1978 machte er sich mit Amrop International Mülder & Partner selbstständig. Mit Hermann Sendele baute er das Unternehmen zum deutschen Marktführer auf. 1997 verkaufte er Mülder & Partner für einen stolzen Preis (42 Millionen DM, ein Drittel cash, ein Drittel festverzinslich, ein Drittel Aktien) an die amerikanische Personalberaterfirma Heidrick & Struggles. Sendele wanderte daraufhin zur Konkurrenz Spencer Stuart ab.
Der 64-jährige Jürgen Mülder sitzt mit einer Alukanne südafrikanischen Rooibos-Tees im achten Stock des Frankfurter Airport Centers. Eine breite Fensterfront in seinem Büro gibt den Weg frei auf ein Rollfeld des Flughafens. Getönte Doppelglasfenster dimmen die leuchtend gelben Heckflossen von drei Lufthansa-Jets. »Der große Meister«, wie ihn ein Kollege tituliert, trägt ein Tweed-Sakko, offenes Hemd und rustikale Schuhe. Mülder zieht gerade mit seiner Frau von Frankfurt nach Dresden. Ein neuer Schritt in seinem Leben. Die Aufbruchsstimmung in Dresden fasziniere ihn, erklärt er. »Frankfurt ist mir zu etabliert.«
Und dann räumt er mit einigen Headhunter-Klischees auf. Golf spiele er »miserabel« und am liebsten allein, um sich zu entspannen. Und Mitglied im Rotary Club aus Geschäftsgründen? »Alles Quatsch. Weil man mich gebeten hat.« Seine Anzüge seien von Peek & Cloppenburg. Und die Ro-

lex? Die kaufte er vor 20 Jahren in Hongkong, »weil ich damals was in der Uhrenindustrie machte«.

Mülder trägt die Insignien der Erfolgreichen, aber schmückt sich nicht mit seinen Erfolgen. Namen von Kunden oder vermittelten Managern sind tabu. Lufthansa und BMW sollen auf seiner Kundenliste stehen? Mülder schweigt. »Wir leben von Diskretion«, sagt auch Wilhelm Friederich Boyens, 59, Headhunter bei Egon Zehnder in Hamburg, und einer von Mülders wenigen Konkurrenten in der Königsmacherklasse.

Fluggesellschaften, Stromversorger, Autohersteller und Waschmittelkonzerne, die Elite der deutschen Unternehmen vertrauen Mülder seit Jahren ihre Führungs- und Personalprobleme an. In ihrem Auftrag durchforstet er alle Branchen nach Vorstandsassen. »Wir vermitteln keine Manager, wir suchen und platzieren«, sagt Mülder. Für einen Moment schaltet das Himmelblau in seinen Augen auf Eisgrau. Bei der kriegerischen Berufsbezeichnung »Headhunter« lässt er Milde walten. »Das sagt man halt so im Volksmund.«

Ein guter Headhunter müsse mal mit den Wölfen heulen können, sagt Mülder, dürfe aber auch kein Jasager sein, sonst akzeptierten einen die Vorstandsbosse nicht. »Ein Arbeitstier und absoluter Profi«, urteilt sein langjähriger Partner Hermann Sendele, heute Personalberater bei Whitehead Mann in München. Mit dem akkurat nach hinten gekämmten, gelichteten Silberhaar, den blauen Augen und der sonoren Stimme wirkt Mülder wie eine Mischung aus Richard Widmark und dem englischen Tierarzt einer Sonntagsnachmittagsserie. Allenfalls sein exzessives Zigarrepaffen nervt Freund und Feind. »Ich habe inzwischen auf drei bis vier Stück reduziert«, gesteht Mülder ein. Nah an Macht und Einfluss zu sitzen, das fasziniere ihn an seinem Beruf, erklärt Mülder. Aber die langen, verpatzten Freitagabende auf irgendwelchen Flughäfen – das hasse er.

In den Höhen, in denen Mülder Worte und Manager »platziert«, ist die Luft dünn. In seiner 33-jährigen Headhunter-Karriere hat er Dutzende von Kandidaten an »Nichtigkeiten« durchrasseln sehen. Entweder trugen sie Schnurrbart, waren zu dick, rothaarig oder hatten zu straffe Gesichtshaut (»Der kann nicht lachen«). Als ein Kandidat beim Kaffeetrinken vom Käsekuchen die Füllung aß, die Kruste aber liegen ließ, war er beim Chef einer Möbelhauskette unten durch: Der Mann hatte in der Nachkriegszeit gehungert. Jeder kleine Fehltritt, ein falsches Wort, ein stehen gelassener Orangensaft oder die falsche Art, Kuchen zu essen, können Symbolkraft haben.

»Wir wissen sehr viel«, sagt Mülder. Die zu Tage geförderten, teilweise delikaten Erkenntnisse seien manchen Spitzenmanagern peinlich. Anders könne er sich nicht erklären, dass Manager, denen er zu Top-Positionen verhalf, nicht mehr bei ihm anriefen. Mülder lädt sich auch schon mal bei einem Kandidaten zum Essen ein. Wenn die Ehefrau zum Beispiel ihrem Gatten zu sehr über den Mund fährt, ziehe er die Reißleine. »Der sagt einem Manager schon mal ganz offen: Ihre Karriere ist zu Ende«, weiß Zehnder-Chef Boyens. »Pragmatisch, realistisch, direkt. Kein intellektueller Feingeist.« Auf seine Erdverbundenheit ist Mülder stolz. Er hat Bergbau studiert und um sich zu entspannen, »wühlt er gern in der Erde«. Am liebsten ackert er in den Olivenhainen seines Landhauses auf Ibiza.

Der Privatmensch Mülder engagiert sich bei der Stiftung »Wirtschaft hilft Hungernden« für aidskranke Kinder in Thailand. Trotzdem ist er kein »Mister Nice Guy«. Er kann auch ganz gewaltig schnell umschalten, wenn er will: »Wenn er sich auf jemand eingeschossen hat, beißt er so lange, bis er ihn draußen hat«, sagen Insider. »Raffgier und Habsucht« werfen ihm Kritiker wegen des Mergers mit dem Großkonzern Heidrick & Struggles vor. Auf seiner Visitenkarte prangt seitdem stolz: »Offices in principal cities of the world«.

»Auf den ersten Blick wirkt Mülder arrogant und lässt niemand an sich ran«, sagt Claus Ruff von der Stiftung Wirtschaft hilft Hungernden. »Aber er geht auf die Menschen zu, und die spüren das.« In Gesprächen spiegelt Mülder anscheinend automatisch die Körperhaltung seines Gegenübers, wie es Verkaufstrainer lehren, um ein gutes Gesprächsklima zu schaffen. »Faszinierend, wie der mit Menschen umgeht«, sagt seine Sekretärin. »Manchmal lasse ich die Tür auf, um zuzuhören.« Und überhaupt: Seitdem sie für Mülder arbeite, mache ihr der Wirtschaftsteil der Tageszeitung wieder Spaß. »Morgens lese ich alle die Namen, mit denen ich jeden Tag zu tun habe.«

Dieter Rickert – Das So(h)lei

Sein Problem war, dass er »alles gleich gut konnte«, sagt Dieter Rickert. »Ich war Klassensprecher, Schulsprecher und was weiß ich alles.« Nur in Geräteturnen sei's schlecht gelaufen. Aufgewachsen sei er »plattdeutsch«. 1939 in Bad Oldesloe bei Hamburg geboren, lebte er bis zum Abitur in Bad Ems, in der Nähe von Koblenz. Nach seinem Volks- und Betriebswirtschaftsstudium in Köln landete er im Januar 1965 bei dem Stahlkonzern Thyssen. »Stahl, das war damals in der Wiederaufbauphase das Tollste, Mächtigste, Größte.«

Den Spitznamen Sohlei verdankt Dieter Rickert seinem ersten Chef Hans-Günter Sohl. Für den damaligen Thyssen-Patriarchen Sohl schrieb Rickert Reden und organisierte Pressekonferenzen. »Eine Lichtgestalt der deutschen Nachkriegswirtschaft, ein No-Nonsens-Talker«, schwärmt Rickert von seinem Ziehvater. Vier Jahre blieb Rickert bei Thyssen. Mit 27 Jahren stieg er zum jüngsten Handlungsbevollmächtigten des Konzerns auf. Als der Thyssen-Personalchef »mir sagte, ich müsse Jahresringe ansetzen, habe ich in den Sack gehauen«. Drei Jahre arbeitete er als rechte Hand des Vorstands bei der Ruhrkohle AG, dann zog es ihn von 1972-76 zurück zu Ziehvater Sohl, der inzwischen BDI-Chef war. Nach kurzen Zwischenstopps als Geschäftsführer einer Möbelfabrik und eines Pharmagroßhandels kamen 1976 »die Headhunter über mich«.

Dieter Rickerts Headhunter-Karriere begann bei Consulting Partners, später TASA, in Frankfurt, Brüssel und Zürich. 1982 machte er sich mit seinem Headhunter-Mentor Jim Fulgum in München selbstständig. Fulgum ging 1988 in Pension, sein Sohn Rick rückte 1989 nach und ist seit 1999 Partner von Rickert. Bis 1998 war Hubert Johannsmann zehn Jahre lang sein Partner.

Einzelkämpfer Dieter Rickert, 62, gilt als »Paradiesvogel«. Nach eigener Einschätzung ist er der erfolgreichste Headhunter Deutschlands, der »Guru«. Gleichzeitig, so behaupten Insider, ist er der meistgehasste Mann der Branche. Viele halten ihn für einen »arroganten, rücksichtslosen Egomanen«. (Namentlich zitiert werden wollen nur wenige.) »Die ärgert nur, dass ich freihändig nach der Sahne fische«, sagt Rickert.

Beim Fischen soll sich Rickert wenig um die Ethikregeln des Verbandes (VDESB – Vereins deutscher Executive Search Berater) scheren, deren Sprecher übrigens Mülder einmal war. Beispielsweise soll Rickert dem *manager magazin* den Wechsel des Veba-Managers Axel Pfeil zur Deutschen Bank gesteckt haben, behauptet sein Düsseldorfer Ex-Partner und nun Erzfeind Johannsmann. »Wer das war, weiss ich nicht«, sagt Deutsche-Bank-Vorstand Pfeil. Rickert habe jedenfalls »einen phantastischen Job gemacht«. Dank seiner »Unverkrampftheit« sei dem Headhunter ein sehr guter Draht zum damaligen Deutsche-Bank-Chef Breuer gelungen, und man habe »hochinteressante« Gespräche geführt.

Im Gegensatz zu Mülder kokettiert Rickert mit: »Keine Büros in New York, Paris oder Tokio«. Auch ohne Büros in den Weltmetropolen pflegt der Mann mit den Segelohren einen extravaganten Lebensstil. Er fährt einen schwarzen Bentley, ein Smart Cabrio und sammelt Oldtimer. Mit Ex-Mercedes- und Expo-Chef Helmut Werner soll Rickert beim Oldtimer-Rennen »Mille Miglia« durch Italien gebraust sein. Neben einem Mercedes 300 SL und diversen Porsche umfasst sein Fuhrpark einige Traumwagen. Der Mann erfüllt sich konsequent seine Jugendträume. Im vergangenen Jahr absolvierte er den Motorradführerschein, um endlich mit einer Harley durch Amerika zu fahren. Seine Freundin bremste ihn aus. Als Ersatz genehmigte Rickert sich einen Morgan plus 8, ein bretthartes englisches Cabrio. »Das ist wie Motorradfahren.« Für seine Freundin zog er auch 1989 von Zürich nach München um. Nach zwei gescheiterten Ehen ist er allerdings vorsichtiger geworden und will nicht mehr heiraten: »So hält die Liebe länger.«

»Viel Feind, viel Ehr«, könnte das Lebensmotto des Headhunterstars heißen, der von sich selbst behauptet, »ziemlich undiplomatisch, dafür aber ehrlich« zu sein. Seit dem Ausscheiden seines Ziehvaters John Fulgum hatte Rickert immer wieder Ärger. Zum Beispiel mit Hubert Johannsmann. Zehn Jahre lang arbeitete das Duo erfolgreich zusammen. Über 100 Millionen Mark sollen die beiden bis 1998 eingestrichen haben, schrieb der *Spiegel*. »Das war ihm immer noch nicht genug«, sagt Johannsmann, der seinen Ex-Duz-Freund angeblich wegen »Betrugs, Nötigung und Untreue« angezeigt haben will. Rickert wolle ihn »plattmachen« und sei »ein Schurke durch und durch; der lügt, dass sich die Balken biegen«.

»Der interessiert mich nicht mehr«, sagt Rickert heute. Johannsmann sei ein Sparbrötchen mit der Aura eines Sparkassendirektors, keulte er kurz nach der Trennung 1998 im *Spiegel* und legte mit einem Ratschlag auf italienisch nach: »Non fare il pirito piú grande del culo«, zu deutsch: »Lass keinen Furz, der für deinen Hintern zu groß ist.«

Rickert ist immer für eine knackige Show und große Namen gut. Manager, die sich bei ihm meldeten, so Rickert, wollten eben nicht, dass ihr Lebenslauf im Computer von 20-30 Personalberatern eines großen Headhunter-Konzerns aufleuchtet. Durch seinen guten Kontakt zum damaligen Treuhand-Chef Rohwedder habe er »die Erstausstattung der Treuhand gemacht«, berichtet Rickert nicht ohne Stolz. »Haufenweise haben wir Leute nach Berlin geschaufelt.« Das *manager magazin* ernannte ihn daraufhin zum »Jäger 90«.

Rickert baggert auch ohne Unternehmensauftrag »proaktiv«: für Manager, die wechseln wollen. »Von 2000 Managern kenne ich die Lebensläufe auswendig.« Diese »proaktive« Vorgehensweise brachte ihm »von den lieben Konkurrenten« 1999 eine Anzeige wegen Verletzung des Arbeitsamt-Monopols ein. Denn Headhunter dürfen offiziell nur im Firmenauftrag suchen, ansonsten brauchten sie eine Lizenz als Arbeitsvermittler. »Das gilt für arbeitslose Baggerfahrer, aber nicht für Vorstände«, sagt Rickert. Vom Bundesministerium für Wirtschaft habe er einen »Persilschein« erhalten.

»Rickert schießt Abstaubertore« werfen ihm seine Gegner vor. Im Showdown um hochkarätige Führungspositionen mischt er sich gern ungefragt in bereits fest vergebene Aufträge ein und zaubert dann den seiner Meinung nach besten Kandidaten aus dem Hut. So stibitzt der Desperado Wettbewerbern die Butter vom Brot. »Was soll ich denen lang vorgaukeln, dass ich drei Monate suchen muss, wenn ich den richtigen Mann schon kenne«, rechtfertigt Rickert sein Blitzkrieg-System. »Und wenn ich mal Mist baue, brauche ich nicht mehr wiederkommen.« Wie bei E.On-Chef Hartmann: Dort soll Rickert seit Jahren Hausverbot haben.

»Rickerts Fehlbesetzungen wie Grafoner bei Linde haben eine breite Schleifspur in der deutschen Wirtschaft hinterlassen«, wettert ein Headhunter-Konkurrent. Der Manager Peter Grafoner war von Rickert als Kronprinz bei Linde installiert worden, ist aber inzwischen ausgeschieden.

»Kein schlechter Mann, aber für das komplexe Linde-Geschäft ungeeignet«, urteilt der Konkurrent über den Fehlgriff. Rickert hält er für den »abgehalfterten Belzebub der Headhunter-Branche«.

Dem »Belzebub« gelangen aber eine Reihe beeindruckender Erfolge. Den spektakulären Platzierungen müssen auch seine Gegner Respekt zollen. Der Einzelkämpfer brachte den heutigen Bahn-Chef Hartmut Mehdorn zu Heidelberger Druck. Damals bootete er die Personalberatung Egon Zehnder aus, an die der Auftag fest vergeben war. Was Zehnder mächtig gewurmt haben dürfte, denn das Honorar wird branchentypisch über vier Monate verteilt. Als Rickert mit seinem Kanidaten punktete, floss kein Geld mehr für Zehnder. 1991 brachte Rickert Werner G. Seifert vom Schweizer Rückversicherer Swiss Re als Chef zur Deutschen Börse in Frankfurt. »Dieter Rickert ist very special«, lobt Seifert. Während seiner Zeit bei Swiss Re hätte er ihm »manch guten Mann« gebracht. »Er kennt die Unternehmen, hört, was da gerade läuft, und denkt sich neue Kombinationen aus.« Rickert habe über die Jahre gelernt, »unheimlich sensibel zuzuhören und zu beobachten«.

Besonders stolz ist Rickert auf den Coup mit Dr. Jürgen Geissinger. »Den jungen schwäbischen Schaffer« lockte er vom Autozulieferer ITT zum Wälzlagerhersteller INA. Wenig später glänzte der INA-Boss durch die reibungslose Übernahme von FAG Kugelfischer. Rickert platzierte auch Jürgen Richter beim Springer-Verlag und Gerhard Cromme auf den Chefsessel vom Stahlkocher Thyssen-Krupp. Bei Thyssen-Krupp gelang ihm zuletzt ein spektakulärer Doppelschlag: Rickert installierte 2001 den Metro-Vorstand Stefan Kirsten und den Zeiss-Manager Olaf Berlien. Und den knapp 50-jährigen Heinrich Focke brachte er von Zürich Financial Services zum Gerling Konzern.

Die Kritik anderer Headhunter ficht das Enfant Terrible nicht an: »Wenn ich bei den Unternehmen so ein schlechtes Image hätte, würde ich wohl nicht diese hochkarätigen Aufträge bekommen.« Seine Geschäfte laufen glänzend. Gut drei Millionen Euro (sechs Millionen Mark) Honorare habe er 2001 mit nur 18 Top-Manager-Platzierungen erzielt. Gut zwei Millionen Euro seien es bereits bis Ende Mai 2002 gewesen. Was er rückblickend anders machen würde in seinem Leben? »Früher Golf spielen.« Und seine

Gegner? Da halte er's mit der Gelassenheit, sagt Rickert und zitiert den großen Vorsitzenden Mao Tse-tung: »Ärgere dich nicht. Warte ruhig am Ufer des Jangtsekiang, bis deine Feinde tot den Fluss heruntergetrieben kommen.«

KARRIERE-ESSENTIALS – HINTER-GRUNDWISSEN FÜR IHREN ERFOLG

»*Wissen, Können, Wollen und Tun*« sind die Säulen des Erfolgs. Diese einfache, aber deshalb ja nicht unbedingt falsche Erkenntnis vermitteln uns Gurus in teuren Management-Seminaren. Der Schlüssel zum Erfolg liegt in Ihrer Persönlichkeit.
»Manche Facetten beruflicher Leistungsmerkmale, wie Führung, Engagement oder Disziplin, lassen sich durch Persönlichkeitsmerkmale … besser prognostizieren …«, erklären seit Mitte der neunziger Jahre amerikanische Psychologen und definieren die entscheidenden fünf großen Persönlichkeitsfaktoren, anhand derer Menschen eingeschätzt werden, mit *Extraversion, emotionaler Stabilität, Offenheit für neue Erfahrungen, Gewissenhaftigkeit* und *Verträglichkeit*.[48]
Experten schätzen übrigens, dass über 90 Prozent aller gescheiterten Beschäftigungsverhältnisse nicht aufgrund von fachlichen Defiziten, also einer schlechten Kompetenz-Performance, beendet werden, sondern wegen Unstimmigkeiten, die im zwischenmenschlichen Bereich anzusiedeln sind. Wer könnte dazu nicht mit eigenen und zum Teil sicher auch leidvollen Erfahrungen etwas beitragen. Uns geht es jetzt um Essentials, die Ihren beruflichen Erfolg bedingen. Auf den folgenden Seiten möchten wir Ihnen, wenn auch nur in sehr komprimierter Form, die wichtigsten Eckdaten, Weichensteller und den Treibstoff anbieten, mit dem Sie Ihre Karriere entschieden voranbringen.

Ausgangspunkt: Mentale Einstimmung

Zunächst geht es um die folgenden vier grundlegenden Essentials, auf die es im Berufsleben – allgemein und in außergewöhnlichen Situationen – besonders ankommt:

1. Erkennen, entwickeln und vervollkommnen Sie Ihre besonderen Fähigkeiten.
2. Entwickeln Sie das richtige Maß an Selbstvertrauen und Souveränität.
3. Arbeiten Sie an Ihrem Bewusstsein.
4. Mobilisieren Sie bestmögliche Unterstützung für sich und Ihr Vorhaben.

Zugeschnitten auf die besondere Situation des Jobwechsels, inklusive der Einschaltung eines Headhunters, bedeutet dies:

1. Fähigkeiten erkennen und benennen können
Ihre Aufgabe ist es zunächst, den Headhunter und etwas später den potenziellen Arbeitgeber von Ihrer besonderen Leistungsfähigkeit zu überzeugen. Mehr als alles andere interessiert diese beiden, welchen Nutzen und Gewinn Sie ihnen bringen werden: dem Headhunter, wenn er Sie empfiehlt, und dem Unternehmer, wenn er Sie einstellt. Seien Sie also auf die Frage: »Was können Sie für das Unternehmen tun?« vorbereitet. Ziehen Sie eine Bilanz Ihrer Fähigkeiten und Stärken. Fragen Sie sich, welche Eigenschaften Sie wirklich qualifizieren und Sie von anderen Personen Ihres beruflichen Umfeldes deutlich positiv unterscheiden. Was ist es, das Sie für einen vorgeschlagenen oder auch von Ihnen aktiv angestrebten Arbeitsplatz und seine Aufgaben qualifiziert?

2. Selbstvertrauen entwickeln
Ihre Bemühungen machen Sinn, wenn Sie dem Headhunter ebenso wie später dem potentiellen Arbeitgeber selbstbewusst gegenübertreten können. Das gilt sowohl für die schriftliche als auch für die persönliche Be-

werbung im Vorstellungsgespräch. Diese Sicherheit kommt durch das Bewusstsein der eigenen Fähigkeiten und Motivation viel eher und besser zustande.

Sie wissen oder ahnen, dass vor allem derjenige erfolgreich ist, der weiß, was er will und was er kann. Wenn Sie Kontakt zu Entscheidungsträgern aufnehmen, egal ob telefonisch, schriftlich oder persönlich, sollten Sie diesen etwas zu bieten haben, denn kein Personalprofi oder Arbeitgeber hat Lust, seine Zeit zu vergeuden. Sie müssen auch einem Headhunter das Gefühl geben, dass er von einer Kontaktaufnahme mit Ihnen profitieren kann. Stellen Sie dabei zunächst etwas weniger Ihre Person, umso mehr aber Ihre Leistungen und Fähigkeiten in den Vordergrund. Das hat nichts mit Angeberei, aber sehr viel mit Intelligenz zu tun. Denn bei Bewerbungen machen Sie nicht mit Bescheidenheit positiv auf sich aufmerksam – allerdings auch nicht mit einem übersteigerten Selbstwertgefühl.

3. *Bewusstsein bilden*

Entwickeln Sie die richtige Portion Ehrgeiz, den Erfolg potentieller Arbeitgeber zu steigern. Um ein berühmtes Zitat von John F. Kennedy abzuwandeln: Fragen Sie nicht, was das Unternehmen für Sie tun kann, sondern was Sie für das Unternehmen tun können.

Außerdem: Wenn Sie sich beruflich neu orientieren, sollten Sie dabei unbedingt Ihre Interessen berücksichtigen und Ihren wirklichen Neigungen nachgehen. Denn sonst wird es Ihnen am nötigen Engagement, dem echten Enthusiasmus fehlen.

Und noch etwas ist sehr wichtig: Für Ihre eigene Person benötigen Sie jetzt eine Art Bewusstseins-Training und mentale Vorbereitung auf das von Ihnen angestrebte Berufs- und Arbeitsplatzziel. Sie müssen Ihr Wissen um besondere Spezialkenntnisse erweitern, die Ihnen bei der Realisierung Ihres Vorhabens entscheidend helfen werden. Dazu ist eine intensive Auseinandersetzung mit Ihren Vorstellungen, Ihren inneren Werten und realistischen wie unrealistischen Wünschen unbedingt notwendig.

Machen Sie auch Ihre Hausaufgaben bezüglich der Bewerbungssituation: Bereiten Sie sich vor und verdeutlichen Sie sich die Spielregeln und Abläufe. Denn viele Bewerber scheitern nicht etwa, weil ihnen die beruflichen

Kenntnisse oder die Leistungsmotivation fehlen. Nein: Sie scheitern am Auswahlverfahren selbst. Es fehlen ihnen elementare Kenntnisse, wie sie sich in der Bewerbungssituation richtig zu verhalten bzw. optimal darzustellen haben, um ihr Gegenüber zu überzeugen. Das ist in etwa vergleichbar mit einem Opernliebhaber, der trotz Geld an der Kasse der Mailänder Oper nicht vorgelassen wird, weil er versucht, im Pyjama Einlass zu bekommen.

4. Unterstützung mobilisieren
Sie werden das »Projekt« Bewerbung kaum ohne Hilfe und Unterstützung durch andere meistern. Sie brauchen moralische Unterstützung. Vielleicht kennen Sie Ihre Stärken bereits; Sie wissen, dass Sie leistungsfähig und qualifiziert sind. Es hilft, dies auch von anderen zu hören. Sie brauchen Freunde, die sagen »Du kannst das!«, die Sie aber auch kritisch beobachten.
Intensivieren Sie die Kontakte zu denjenigen in Ihrem Bekanntenkreis, die genau wie Sie gerade erfolgversprechend am eigenen beruflichen Aufstieg arbeiten, und zu denen, die Ihnen beruflich ein Vorbild sind. Suchen Sie sich ein, zwei Mentoren, Menschen, deren Werdegang Ihnen imponiert und die es in Ihren Augen »geschafft« haben. An ihnen sollten Sie sich orientieren und sie als Gesprächspartner suchen.

Auf Ihre Einstellung kommt es an

Und das meinen wir wirklich im doppelten Sinne! Menschen sind aus verschiedenen Gründen unzufrieden oder gar kreuzunglücklich mit ihrer beruflichen Situation. Sie hatten nicht die Möglichkeit, den Beruf zu wählen, bei dem ihre Fähigkeiten und Interessen mit ihrem Karriereziel übereinstimmten; sie vermissen Aufstiegschancen, sind gelangweilt und unproduktiv; sie verdienen zu wenig; sie wollen einen anderen Karriereweg einschlagen; die Vorstellungen und Ziele des Arbeitgebers sind nicht mit den eigenen zu vereinbaren; sie klammern sich nur an ihre Beschäftigung, weil sie das Geld zum täglichen Leben brauchen.

Finden Sie heraus, was Sie wirklich wollen. Sammeln Sie Ihre Kräfte und konzentrieren Sie sich auf die Strategie, die Sie Ihrem beruflichen Ziel näher bringt. Denn Erfolgt fällt nicht vom Himmel. Natürlich helfen Glück und Zufälle, aber durch gute, gezielte Vorbereitung können Sie Ihre Erfolgschancen gewaltig verbessern. Das Sprichwort: »Je härter man arbeitet, desto mehr Glück hat man« gilt ganz besonders für das Bewerbungsverfahren um einen verantwortungsvollen Arbeitsplatz.

Denken Sie daran, dass es auch von Ihrer eigenen Einstellung abhängt, wie sich Ihre Mitmenschen Ihnen gegenüber verhalten. Ganz ehrlich: Für Schwarzseher wird die Arbeitsplatzsuche stets düster und damit auch recht freud- und erfolglos aussehen. Es liegt also in einem hohen Maß an Ihrer inneren Einstellung, wie lange es dauert, bis Sie eine angemessene Position »erobern«, und welche berufliche Verantwortungsebene Sie letztendlich erreichen werden.

Auch das Unternehmen steht auf dem Prüfstand

Der Schlüssel zum Erfolg liegt in der richtigen Vorbereitung auf Ihr Vorhaben. Die wichtigsten Wegweiser zu Ihrem Ziel sind dabei die Fragen: Wer bin ich? Was kann ich? Was will ich? Und: Was ist möglich? Es sind die entscheidenden Leitfragen, deren intensive Bearbeitung Ihnen helfen wird, die angestrebte Position im für Sie geeignetsten Unternehmen zu erlangen.

Auch der Headhunter und das suchende Unternehmen befinden sich in einer Bewerbungssituation – also ebenfalls auf dem Prüfstand. Denn das Auswahlverfahren gilt auch umgekehrt: Auch Sie müssen entscheiden, ob Sie in diesem Unternehmen arbeiten wollen und ob Sie mit der Vermittlungstätigkeit des Headhunters zufrieden sind. Sollten Sie bei der ersten Kontaktaufnahme und im weiteren Verlauf des Auswahlverfahrens gravierende Probleme und Defizite erkennen, berücksichtigen und bedenken Sie diese bei Ihrer Entscheidung genau. Denn zu viel Enttäuschung, Leid und Ungemach könnte auf Sie zukommen, und kostbare Lebensarbeitszeit ginge unwiederbringlich verloren, wenn Vorgesetzte, Kollegen oder Mitarbeiter für Sie nicht die richtigen Partner sind oder die Arbeitsaufgaben Sie massiv unter- oder überfordern.

Die meisten Unternehmen geben sich große Mühe, nur die am besten geeigneten Mitarbeiter einzustellen. Dagegen scheinen viele Arbeitnehmer jedoch häufiger mehr Zeit und Geld zu investieren, um einen günstigen Gebrauchtwagen zu erstehen, als sich kritische Gedanken bei der Auswahl ihres Arbeitsplatzes und Arbeitgebers zu machen. Investieren Sie deshalb Ihre Lebensarbeitszeit sinnvoll und klug. Denn sie ist begrenzt.

Weichensteller: die Schlüsselbegriffe

Hatten wir schon eingangs darauf hingewiesen, wie wichtig es ist, dass Sie Ihre besonderen Fähigkeiten kennen und benennen können, Selbstvertrauen und Bewusstsein entwickeln und sich Unterstützung holen, wünschen wir Ihnen zu alledem natürlich auch das berühmte Quäntchen Glück. Aber wir wissen auch, dass die wirklichen Weichensteller eines Bewerbungsverfahrens die folgenden sind:

- **Kompetenz**, das heißt berufliches und persönliches Wissen um die Dinge, auf die es ankommt;
- **Leistungsmotivation**, dies beinhaltet Durchhaltevermögen, Zielstrebigkeit, kurzum Frustrationstoleranz und
- **Persönlichkeit**, womit zunächst einmal Charakterstärke, Mut und Aufgeschlossenheit gemeint sind.

Abgesehen von diesen Weichenstellern sind es Ihre Vorbereitung und Ihr Bewusstsein – über sich selbst und die besondere Situation Bewerbung –, die Ihnen zum gewünschten Erfolg verhelfen werden.

Marktbewusstsein entwickeln

Machen Sie sich die Situation aller Beteiligten im Bewerbungsprocedere klar. Das Ganze ist ein Markt, ein Arbeitsmarkt. Aus der richtigen Perspektive betrachtet, sind Sie darin Unternehmer in eigener Sache! Erstaunt? Am Markt müssen Sie mit Ihrem Produkt Ihre potentiellen Kunden überzeugen. Deshalb ist Marktforschung angezeigt, die Ihnen hilft, Ihr Produkt erfolgreich an den Käufer zu bringen.
Nun ist Ihr Produkt keine Ware, sondern eine Dienstleistung, ein Service: Es handelt sich um Ihr Know-how, Ihr spezielles Fachwissen, Ihre Arbeitskraft, Ihre Leistungsbereitschaft und Fähigkeit. So gesehen sind Ihre »Kunden« die potentiellen Arbeitgeber mit den vorgeschalteten »Agenten«, den Headhuntern.
Die Schlüsselfrage, die sich durch das gesamte Bewerbungsverfahren zieht, heißt deshalb: Warum soll ein Kunde ausgerechnet Ihre Dienstleistung kaufen? Eine Frage, die sich jeder Unternehmer angesichts der Marktsituation konkurrierender Produkte stellen muss. Es geht um Produkt- und Käuferanalyse und die Marktchancen, die sich aus den Bedürfnissen der Käufer und den Möglichkeiten der Verkäufer ableiten lassen.
Mit anderen Worten: Auf welchem Gebiet liegen Ihre Fähigkeiten und Stärken und wo sind die Käufer, die genau diese Eigenschaften, Ihre Fähigkeiten und Stärken »einkaufen« möchten, also Ihnen einen – ordentlich bezahlten – Arbeitsplatz anbieten können?

Das suchende Unternehmen: Zwischen Wunscherfüllung und Anforderungsprofil

Worauf wird bei der Auswahl neuer Mitarbeiter auf Unternehmensseite wirklich geachtet? Wie sehen hier die geheimen Wünsche aus, und wie gelingt es Ihnen, diese zu erkennen und optimal zu bedienen?
»Warum bietet ein Unternehmer bzw. ein Unternehmen einen Arbeitsplatz an, sucht einen oder mehrere neue Mitarbeiter?« könnte die Frage lauten, wenn wir den Rahmenbedingungen einer erfolgreichen Bewer-

bung besser auf die Spur kommen wollen. Wir beschäftigen uns mit dieser Frage, um herauszufinden, welche elementaren Bedürfnisse und Erwartungen es als Bewerber zu befriedigen gilt.

Die Antwort gliedert sich zunächst in zwei Teile und muss etwa so lauten:
- weil dieser Unternehmer bzw. das Unternehmen vor Aufgaben steht, die er/es alleine überhaupt nicht oder zumindest nicht optimal bewältigen kann, und
- weil bei der Lösung – also bei der anstehenden Aufgabenbewältigung – für das Unternehmen die Kosten zum Gewinn in einem günstigen Verhältnis stehen.

Das mag im ersten Moment für Sie banal oder auch recht befremdlich klingen, enthält aber einen wesentlichen Schlüssel zur Lösung der Probleme, die für Sie als »Verkäufer« Ihrer Leistung mit einer Bewerbung verknüpft sind. Denn dies bedeutet für Sie:

Wenn es Ihnen gelingt, sich selbst

> nicht als klassischen **Arbeit**(saufgabenentgegen)**nehmer,**
> sondern als **Problemlöser** zu betrachten,

sind das die besten Voraussetzungen für Ihren Erfolg in der Arbeitswelt (und auch bei Ihrer Bewerbung).

Die goldene Einstellungsregel

Vor diesem Hintergrund fällt die Entscheidung: Ein Unternehmen entscheidet sich nur dann für einen Bewerber, wenn die Verantwortlichen überzeugt sind, dass der neue Mitarbeiter mehr Gewinn als Kosten bringt. Der Schlüssel zum neuen Job liegt also darin, sich potentiellen Arbeitgebern als Gewinnbringer zu präsentieren. Genau dieses Gespür (bzw. das Bewusstsein oder sogar die Überzeugung), für anstehende Probleme zur rechten Zeit adäquate Lösungen anbieten zu können, öffnet Ihnen Türen und hilft Ihnen bei der Jobsuche, Barrieren zu überwinden. Wer sich überzeugend als Gewinnbringer darstellt, kann zwischen verschiedenen Jobangeboten wählen und in Gehaltsverhandlungen viel selbstbewusster auftreten.

Als Problemlöser werden Sie in Ihrer Bewerbungskampagne natürlich nicht einfach lustlos irgendwelche Ausbildungsabschlüsse, Weiterbildungskurse und Berufsstationen aneinanderreihen. Gewinnbringer zeigen vor allem, welche Beiträge sie bereits geleistet haben und welche sie zukünftig leisten werden. Das setzt auch die Fähigkeit voraus, Problemen mit unkonventionellen Mitteln zu begegnen. Sie sollten also offen sein für neue Denk- und Arbeitsweisen.

Gut zu wissen: Wovon Arbeitgeber träumen

Worauf achten die Unternehmen bei der Auswahl neuer Arbeitskräfte ganz besonders? Welche persönlichen und beruflichen Anforderungen werden gestellt? Wovon träumen Arbeitgeber? Wichtige Fragen für Sie bei der Vorbereitung auf eine Bewerbungsaktion. Sie wissen nun, dass Problemlöser und Gewinnbringer gesucht werden. Weiterhin wissen Sie um die Wichtigkeit der drei Weichensteller: Kompetenz, Leistungsmotivation und Persönlichkeit. Nun, es geht noch weiter …

Ihren potentiellen Arbeitgebern reicht es nicht, dass Sie diese Fähigkeiten besitzen. Sie wollen auch wissen, wie Sie diese anwenden: zum Beispiel, ob Sie Betriebsamkeit nur vortäuschen oder wirklich versuchen, Probleme zu lösen. Sie müssen sich in Ihrem Bewerbungsvorhaben deshalb Gedanken über die Erwartungen des Unternehmens machen. Das Unternehmen braucht Angestellte, die Ergebnisse produzieren: Gewinne, Sicherheit, Kostensenkung, Organisation, neue Lösungen.

Ein motivierter Bewerber geht immer auf die Bedürfnisse des suchenden Unternehmens ein. Wenn Sie nicht wissen, was in einem bestimmten Unternehmen oder Berufsfeld von Ihnen erwartet wird, werden Sie nur schwer einen neuen Arbeitgeber überzeugen können. Sie sollten ihm

durch Zielstrebigkeit und Kenntnisse über sein Arbeitsfeld und die Branche zeigen, was er in Zukunft von Ihnen erwarten kann.
Folgende Fragen wird sich der künftige Arbeitgeber bezüglich des Kandidaten stellen:

- Erweckt der Bewerber Sympathiegefühle; kann man sich mit ihm »wohl fühlen«, ihm vertrauen (und damit auch die Aufgabe zutrauen)? Passt er zum Team, zum Unternehmen? Stimmt also die persönliche »Chemie«? Hat er/sie die »richtige« Persönlichkeit? Auf den Punkt gebracht: Kann ich ihm/ihr trauen, vertrauen, die Aufgabe zutrauen?
- Was bewegt den Bewerber? Was sind seine Motive für Arbeitsplatz- und Aufgabenwahl, und ist er motiviert, Außerordentliches zur Verwirklichung von Unternehmenszielen beizutragen?
- Verfügt er über die erforderlichen generellen wie fachlichen Qualifikationsmerkmale (Ausbildung/Berufserfahrung)? Kann er mir (dem Inhaber oder Vorgesetzten) nützlich sein, indem er hilft, die Probleme besser, schneller, kostengünstiger zu lösen?

Während Sympathie (wie auch Antipathie) bei einer ersten Begegnung sofort spontan affektiv spürbar ist, werden die Schlüsselmerkmale Leistungsmotivation und Kompetenz dem Kandidaten zugeschrieben (oder abgeschrieben). Denn es handelt sich hier um Merkmale, die sich nicht unmittelbar mitteilen. Deshalb basiert ihre Einschätzung wiederum auf Zu- und Vertrauen (bzw. Misstrauen) gegenüber dem Bewerber.
Leistungsmotivation und Kompetenz offenbaren sich also nicht so schnell wie das zentrale, auf die Persönlichkeit bezogene und auch durch unbewusste Faktoren mitgesteuerte Sympathiegefühl.
Aus Bewerbersicht muss es daher Ziel sein, die drei Weichensteller Persönlichkeit, Leistungsmotivation und Kompetenz während des gesamten Bewerbungsverfahrens als Signale so »auszustrahlen«, dass sie beim potentiellen Arbeitgeber auch »ankommen«. Die Rangfolge der drei Aspekte ist am Anfang des Bewerbungs- und Auswahlprozesses – z.B. bei der schriftlichen Bewerbung – noch relativ gleichwertig, verschiebt sich bei der persön-

lichen Begegnung aber immer mehr zu Gunsten der Persönlichkeit des Kandidaten.

Zunächst ist aber noch eine weitere Erkenntnis für Sie wichtig, um den Wünschen Ihrer »Kunden« optimal beggnen zu können: das Anforderungsprofil bezüglich Ihrer Soft Skills.

Anforderungsprofil Soft Skills

Emotionale Intelligenz

Nachdem Sie sich mit Fragen beschäftigt haben, was für ein Mensch Sie sind, was Sie ganz besonders auszeichnet, Ihre speziellen Fähigkeiten und nachweisbaren Erfolge, was Ihre beruflichen Wünsche und Erwartungen sind und was sich Arbeitgeber von ihren Mitarbeitern wünschen, müssen Sie sich als erfolgversprechender Bewerber (Problemlöser und Gewinnbringer) mit Schlüsselqualifikationen, den entscheidenden Soft Skills, auseinandersetzen. Der entscheidende Grund dafür: Eigentlich ist kein erfolgreiches Marketing in eigener Sache ohne gekonntes Beziehungsmanagement denkbar. Und die Bausteine für Ihre Erfolgs-Intelligenz sind die emotionale Intelligenz und soziale Kompetenz.

»Cogito ergo sum.« – »Ich denke, also bin ich.« Dieser berühmte Ausspruch des französischen Philosophen René Descartes bestimmte über einen langen Zeitraum das abendländische Denken im Sinne einer einseitigen Verstandes- und Vernunftorientierung. Der amerikanische Psychologe Howard Gardner[47] wies bereits in den siebziger Jahren des 20. Jahrhunderts darauf hin, dass der Begriff der Intelligenz bis dahin viel zu einseitig – reduziert auf logisch-rationale Fähigkeiten – definiert worden war. Er formulierte daraufhin das Modell der »multiplen Intelligenzen«. Gardner klassifizierte dabei die verschiedenen Arten von Intelligenz folgendermaßen:

- sprachliche Intelligenz,
- mathematisch-logische Intelligenz,

- räumliches Wahrnehmungsvermögen,
- musikalische Intelligenz,
- körperlich-motorische Intelligenz,
- intrapsychische Intelligenz (die Fähigkeit, eigene Gefühle richtig einzuordnen),
- interpersonale Intelligenz (die Sensibilität, auf das Gefühlsleben anderer eingehen zu können).

Die beiden letztgenannten Formen der Intelligenz bilden dabei das Gerüst der emotionalen Intelligenz. Sie ist die Form von Intelligenz, die beim Networking, also dem Prozess des wechselseitigen Unterstützens und Förderns – insbesondere in der Arbeitswelt –, in erster Linie gefordert ist. Der amerikanische Psychologe John Major beschrieb, zusammen mit dem Intelligenz- und Emotionsforscher Peter Salovey, die fünf wesentlichen Charakteristika der emotionalen Intelligenz:[48]

- das Erkennen der eigenen Gefühle,
- die Fähigkeit, eigene Emotionen konstruktiv einzuordnen,
- die emotionale Kreativität (das Umsetzen der emotionalen Kraft),
- die Empathie (die Fähigkeit, sich in die Gefühle anderer Menschen hineinzuversetzen),
- das Engagement im zwischenmenschlichen, sozialen Verhalten.

Die Quintessenz der Betrachtungen über die emotionale Intelligenz fasst Daniel Golemanl schließlich folgendermaßen zusammen: »Für die Gesamtheit der Fähigkeiten, die die Intelligenz der Gefühle darstellen, gibt es ein altmodisches Wort: Charakter.« – Wie wahr![49]

Soziale Kompetenz und soziale Intelligenz

Die soziale Kompetenz stellt einen nicht unerheblichen Aspekt der emotionalen Intelligenz dar. Unter sozialer Kompetenz versteht man primär die Fähigkeit, die zwischenmenschlichen Beziehungen, sei es nun verbal oder nonverbal, konstruktiv und für alle Beteiligten zufrieden stellend zu gestalten. Das Fundament der sozialen Kompetenz bildet dabei sicherlich die so genannte soziale Intelligenz.

Der Intelligenzforscher Edward L. Thorndike definierte soziale Intelligenz bereits in den zwanziger Jahren des 20. Jahrhunderts als »die Fähigkeit, andere zu verstehen und in menschlichen Beziehungen klug zu handeln«.[50] Soziale Intelligenz ist also die Sensibilität, auf Stimmungen, Motive und Intentionen anderer Menschen eingehen zu können und diese menschlich-kreativ weiter zu verarbeiten. Soziale Intelligenz kann somit als interpersonelle oder zwischenmenschliche Intelligenz angesehen werden und ist damit eine Art Treibstoff für Ihr gesamtes Networking.

Die Gabe, diese Fähigkeit im Alltag auch umsetzen zu können, ist die soziale Kompetenz. Besonders in der sich stetig weiter entwickelnden Dienstleistungs- und Informationsgesellschaft nimmt die soziale Kompetenz einen immer bedeutsameren Kernpunkt ein, da zunehmend der Mensch selbst zum zentralen Wirtschaftsprodukt wird. Teamgeist, Kommunikationsfähigkeit, Sensibilität und eben Networking sind dabei, wieder den Stellenwert in den beruflichen Anforderungen einzunehmen, den sie vor der industriellen Revolution einst besaßen. Zur sozialen Kompetenz gehören die folgenden Aspekte:

- **Sensibilität**: Einfühlungsvermögen; Probleme und Gefühle anderer erkennen und berücksichtigen; realistische Einschätzung der Wirkung der eigenen Person auf andere;
- **Kontaktfähigkeit**: auf andere Menschen zugehen können, Kommunikationsbereitschaft zeigen; andere an Gesprächen teilhaben lassen; Offenheit bei eigenen Zielen, Absichten und Methoden; vertrauensvoller und hilfsbereiter Umgang mit anderen;
- **Kooperationsfähigkeit:** Aufgreifen und Weiterführen der Ideen anderer; sich nicht auf Kosten anderer profilieren; den eigenen Erfolg mit anderen teilen können; Verzicht auf Konkurrenzdenken, Machtinteressen und Rivalität;
- **Integrationsvermögen:** Ursachen von Konflikten erkennen und für alle Beteiligten akzeptable Lösungen anstreben; unterschiedliche

Interessen zielgerichtet »kanalisieren«, ohne dabei eigene Konzepte zu vernachlässigen;
- **Informationsbereitschaft:** andere mit Informationen versorgen; wichtige Informationen nicht zurückbehalten; zuhören können und Zeit für Gespräche haben;
- **Selbstdisziplin/Frustrationstoleranz:** auf persönliche Angriffe angemessen und nicht zu aggressiv reagieren; andere nicht provozieren und sich selbst nicht provozieren lassen; in seiner Stimmungslage berechenbar sein.

Soziale Kompetenz kann man trainieren: Es existieren Möglichkeiten, soziale und emotionale Fähigkeiten weiterzuentwickeln und zu verbessern, um dadurch zwischenmenschliche Kommunikations- oder Konfliktsituationen besser bewältigen zu können. Psychotherapeuten sprechen in diesem Zusammenhang vom »Training sozialer Kompetenz« (TSK). Dazu wird zum Beispiel in Rollenspielen, Verhaltens- und Nachahmungsübungen – sowohl einzeln als auch in Gruppen – der individuelle Sozialcharakter gefestigt und dadurch das Selbstbewusstsein sowie die Selbstsicherheit gestärkt.

Zusammengefasst ist die soziale Kompetenz das Ausmaß, in dem ein Mensch in der Interaktion mit anderen im privaten, beruflichen und gesellschaftlichen Kontext selbstständig, umsichtig und konstruktiv zu handeln vermag. Es geht dabei um die Fähigkeit, zwischenmenschliche Kommunikation und Interaktionen optimal zu gestalten. Die Schlüsselqualifikationen hierfür sind Einfühlungsvermögen, Kommunikations- und Teamfähigkeit sowie Konfliktlösungskompetenz. Dass das alles in Ihren Networking-Prozess einfließt, liegt auf der Hand. Um aber zielstrebig voranzukommen, bedarf es noch eines zusätzlichen Faktors.

Erfolgsintelligenz – der Weg zum Ziel

Der amerikanische Psychologe Robert J. Sternberg zeigt in seinem Buch *Erfolgsintelligenz*[51], wie Erfolg erarbeitet werden kann. Sternberg unterscheidet zunächst zwischen analytischer, kreativer und praktischer Intelligenz. Mit analytischer Intelligenz werden Probleme gelöst, kreative Intelligenz lässt gute Ideen entstehen, die sich jedoch ohne praktische Intelligenz gar nicht verwirklichen ließen. Niemand erreicht in allen drei Intelligenzformen Höchstwerte. Die Kunst für den Einzelnen liegt darin, Stärken zu betonen und damit Schwächen zu kompensieren.

Eines ist klar: Erfolg – und somit auch beruflicher Erfolg – ist subjektiv. Während der eine es als Erfolg wertet, den Besuchern einer Altentagesstätte mit einer gut organisierten Weihnachtsfeier ein paar schöne Stunden zu bereiten, bedeutet Erfolg für den anderen, Teppichböden für fünf Millionen Euro verkauft zu haben.

Emotionale, soziale und logisch-analytische Intelligenz, gepaart mit Bildung, bieten zusammen noch keine Garantie dafür, dass die gesteckten Ziele im Leben auch wirklich erreicht werden können. Zur Umsetzung dieser Fähigkeiten bedarf es einer weiteren wichtigen Komponente: eben der Erfolgsintelligenz.

Hierzu ein etwas drastisch überzeichnetes, aber sehr anschauliches Beispiel: Zwei Touristen befinden sich auf einer Fotosafari im Süden Afrikas. Obwohl sie zusammen reisen, sind sie doch sehr unterschiedlich: Schmidt ist angehender Jurastudent, hatte sehr gute Abiturnoten und besitzt ein gesundes Selbstbewusstsein; Müller wurde wegen schlechter Schulnoten vom Gymnasium verwiesen und hält sich zur Zeit mit Taxifahren und Gelegenheitsjobs einigermaßen über Wasser, ist aber ein wirklich netter Kerl. Auf der Suche nach einem ansprechenden Fotomotiv haben sich die zwei einige hundert Meter weit von ihrem Jeep entfernt, als sie unverhofft einem ausgehungerten Löwen gegenüberstehen, der ihnen augenblicklich anzeigt, dass er sich diese Beute nicht entgehen lassen wird. Schmidt errechnet sofort, dass der Löwe die Distanz zu ihnen in weniger als 30 Sekunden zurückgelegt haben wird und es bis zum Fahrzeug mehr als zwei Minuten wären. Er bleibt wie gelähmt stehen, während Müller seine Trekkingschuhe auszieht und in seine mitgebrachten Sportschuhe schlüpft. Panisch herrscht Schmidt ihn an: »Was soll der Quatsch? Wir können doch nicht schneller als ein Löwe rennen!« Müller jedoch entgegnet ihm lächelnd: »Schneller als ein Löwe? Nein, ich muss doch nur schneller rennen als du.«

Dieses – zugegebenermaßen etwas zynische – Beispiel soll Ihnen verdeutlichen, was Erfolgsintelligenz meint. Während Schmidt die Situation zwar richtig analysiert, aber kraft seines Wissens eine Ausweglosigkeit diagnostiziert hat, findet Müller einen praktikablen und ideenreichen Weg zur Lösung seines Problems. Er beweist damit so etwas wie Erfolgsintelligenz, wenn auch im Beispiel darwinistisch-rüde.

Machen Sie sich bewusst, dass sich Erfolg immer aus einzelnen Bausteinen zusammensetzt. Wo zu viele Mosaikbausteine fehlen, kann kein harmonisches Ganzes entstehen, dann ist Erfolglosigkeit die logische Konsequenz. Die nachfolgenden 20 Kriterien sind nach Sternberg[52] diejenigen, die Erfolg ausmachen. Ganz sicher werden auch Sie einige Faktoren entdecken, die Sie mehr oder weniger ausgeprägt mitbringen. Bedenken Sie also jetzt beim Lesen, wie Sie in Ihren schriftlichen Unterlagen eine Auswahl dieser Faktoren Ihrem »Kunden«, dem neuen Arbeitgeber, kommunizieren wollen.

Die Fähigkeit, sich selbst motivieren zu können

Gemeint ist hier der Wille zum Erfolg. Grundsätzlich gibt es zwei Gruppen von Motivation: die innere und die äußere. Zur äußeren gehören Faktoren wie Anerkennung oder materielle Anreize. Diese machen jedoch das notwendige Handeln von Umständen abhängig, auf die man keinen oder nur einen geringen Einfluss hat. Die Motivation aus sich selbst heraus (z. B. durch Freude an der Arbeit) hingegen ist günstiger, da sie unabhängiger von externen Faktoren macht. Die höchste Erfolgsintelligenz wird sicher den Menschen zugeschrieben, die beide Arten der Motivation günstig miteinander verbinden können.

Die Fähigkeit, Impulse kontrollieren zu können

Impulsive Reaktionen sind an sich nichts Ungewöhnliches und in einigen Situationen durchaus notwendig. Dennoch kann die sofortige Umsetzung von inneren Impulsen zu unüberlegtem Handeln führen und verhindern, dass eigentlich vorhandene Fähigkeiten eingesetzt werden können. Personen mit Erfolgsintelligenz handeln daher – wenn notwendig – rasch, ansonsten aber eher aus ihrer Erfahrung heraus und nach einer Zeit des Abwägens.

Das Wissen um die Notwendigkeit von Durchhaltevermögen und Ausdauer
Ausdauer gehört sicherlich zu den wichtigsten Faktoren der Erfolgsintelligenz. Wer zu schnell resigniert, wird seine Ziele niemals erreichen können. Wer hingegen – trotz offensichtlicher Aussichtslosigkeit – zu lange an einer Sache festhält, blockiert sich auf seinem Lebensweg unnötig selbst. Erfolgsintelligent handeln also Menschen, die erkennen, wann Beharrlichkeit notwendig ist. Dies muss sich nicht auf das Berufsleben beschränken, auch in anderen Situationen, wie zum Beispiel beim wiederholten Werben um einen Menschen, in den man verliebt ist, kann ein realistisches Maß an Beharrlichkeit zum erhofften Ergebnis führen.

Das Bewusstsein, das Beste aus den eigenen Fähigkeiten machen zu können
Zunächst einmal ist es wichtig, seine Fähigkeiten überhaupt zu erkennen. Häufig geschieht dies durch die Erfahrungen, die im Berufsleben gesammelt werden. Personen mit Erfolgsintelligenz ziehen daraus ihre Schlüsse und wechseln, falls möglich, in einen Berufszweig, der ihren Fähigkeiten besser entspricht.

Die Fähigkeit, Ideen in Taten umsetzen zu können
»Wir haben festgestellt, dass nur die Tat uns Beine macht« (Klaus Hoffmann). Dieses Zitat beschreibt es treffend. Die besten Ideen führen letztendlich zu nichts, wenn sie nicht umgesetzt werden. Menschen können dann durchaus von »ihren Gedanken begraben« werden (E. R. Guthrie). Erfolgsintelligente Personen haben gelernt, das Handeln ihrem Denken entsprechend umzusetzen. Interessanterweise ist diese Fähigkeit nicht immer von einem hohen IQ abhängig: Während Menschen mit einem höheren IQ in entspannten Situationen bessere Führungsstärken als Personen mit einem eher niedrigen IQ zeigen, ist dies bei Stress sehr häufig umgekehrt.

Die Fähigkeit, ergebnisorientiert zu handeln

»Der Weg ist das Ziel.« Diese alte Weisheit trifft ausnahmsweise nicht zu, wenn es um Erfolgsintelligenz geht. In diesem Falle ist eher das Ergebnis von entscheidender Bedeutung; das Betrachten einer schönen Allee bringt uns noch nicht zum gewünschten Zielort. Menschen mit Erfolgsintelligenz interessieren sich zwar durchaus auch für Verlaufsprozesse, legen aber ihre eigentliche Konzentration auf das Produkt, das erzeugt werden soll. Sie handeln stark ergebnisorientiert.

Die Fähigkeit, angefangene Arbeiten auch zu erledigen

Personen mit Erfolgsintelligenz sind keine »Abbrecher«. Die Dinge, die sie beginnen, führen sie auch zu Ende. Die Furcht vor dem »Danach«, die viele Menschen zaudern lässt, ist ihnen weitestgehend unbekannt. Sie finden für sich auch danach eine neue, lohnenswerte Aufgabe.

Die Fähigkeit, selbst die Initiative zu ergreifen

Jede Initiative bedeutet eine Bindung an eine Situation und verlangt Konsequenzen. Die Hemmung, sich auf etwas einlassen zu können, ist einer der Hauptgründe, weswegen viele Menschen die Initiative scheuen. Die Angst vor Verbindlichkeit hindert auch einige daran, eine tiefere Beziehung zu einem anderen Menschen einzugehen. Erfolgsintelligente Personen besitzen die Fähigkeit, sich verantwortungsbewusst auf etwas einzulassen, und ängstigen sich auch im Gefühlsleben nicht vor »positiven« Konsequenzen.

Die Stärke, keine Angst vor Fehlschlägen zu haben

Alle Menschen machen Fehler, und niemand begeht sie absichtlich. Was Menschen jedoch in dieser Hinsicht unterscheidet, sind die Konsequenzen daraus. Viele Menschen entwickeln Versagensängste, die einem erfolgsorientierten Handeln im Wege stehen. Einen Fehler zu begehen ist jedoch nicht dasselbe wie Versagen. Auch erfolgsintelligente Personen begehen natürlich Fehler, sie machen jedoch den gleichen Fehler – in der Regel – nicht noch einmal. Aus Fehlern zu lernen und sie zu korrigieren ist ein wichtiger Aspekt der Erfolgsintelligenz.

Die Fähigkeit, Dinge nicht auf die lange Bank zu schieben
Viele Menschen behaupten, sie könnten unter Zeitdruck besser arbeiten. Diese Bewältigungsstrategie ist jedoch meist sehr problematisch: Erwiesenermaßen würden fast alle Aufgaben qualitativ besser ausfallen, wenn man die entsprechende Zeit dafür verwendet hätte. Dass sich ein Zaudern im Berufsleben negativ auswirkt, ist nur eine Konsequenz daraus. Personen mit Erfolgsintelligenz teilen sich daher ihre Zeit so ein, dass sie ihre Aufgaben gut erledigen können.

Die Stärke, berechtigte Kritik akzeptieren zu können
Menschen, die derart von sich überzeugt sind, dass sie sich für nahezu unfehlbar halten, suchen für jeden gemachten Fehler, mag er auch noch so klein sein, einen Schuldigen. Doch falsche Schuldzuweisungen können im Privat- wie im Berufsleben schwer wiegende negative Konsequenzen nach sich ziehen. Personen mit Erfolgsintelligenz übernehmen die Verantwortung für gemachte Fehler, sie fordern keine Entschuldigungen und übertragen auch nicht ihre Schuld auf andere. Die Zugabe eines Irrtums lässt auf innere Größe rückschließen und bietet zudem die Chance, daraus zu lernen.

Die Stärke, sich nicht selbst zu bedauern
Es ist manchmal schwierig, sich nicht selbst zu bedauern, zum Beispiel in Lebenssituationen, mit denen wir nur schwer klarkommen und die uns stark belasten. Permanentes Selbstmitleid jedoch ist kontraproduktiv und erzeugt genau das Gegenteil von dem, was eigentlich intuitiv erhofft wurde – Zuwendung. Stattdessen reagieren die Mitmenschen mit wachsender Ungeduld und wenden sich schließlich ab. Personen mit Erfolgsintelligenz setzen dagegen alles daran, für sie ungünstige Situationen so schnell wie möglich wieder ins Lot zu bringen.

Die Stärke, sich seine Unabhängigkeit zu bewahren
Selbstständiges Handeln ist für die meisten Aufgaben im Leben eine unabdingbare Voraussetzung. Bleibt diese Fähigkeit unterentwickelt, kann der schulische und später der berufliche Erfolg stark gefährdet sein. Auch in

der Teamarbeit wird – im Rahmen der Aufgabe und der Gruppe – selbstständiges Arbeiten und Denken erwartet. Personen mit Erfolgsintelligenz bauen in erster Linie auf sich selbst. Sie agieren souverän und übernehmen auch die Verantwortung für ihre Handlungen.

Die Stärke, persönliche Schwierigkeiten zu überwinden
Wir alle haben irgendwann feststellen müssen, dass das Leben nicht nur Sonnen-, sondern auch Schattenseiten hat. Die Lebenskrisen haben meist Auswirkungen auf alle Lebensbereiche und somit auch auf das Berufsleben. Erfolgsintelligente Menschen haben erkannt, dass es falsch ist, persönlichen Schwierigkeiten auszuweichen, und stellen sich daher auch unangenehmen Situationen. Doch sie versuchen, ihr Berufs- und Privatleben so weit wie möglich zu trennen.

Die Fähigkeit, sich voll auf die eigenen Ziele konzentrieren zu können
Intelligenz ist keine Voraussetzung für Konzentrationsfähigkeit. Vielen Menschen gelingt es nie, sich längere Zeit auf eine Sache zu konzentrieren. Gewiss ist Ablenkung ein Faktor, den niemand gänzlich ausschließen kann. Aber erfolgsintelligente Menschen können sich ohne allzu große Probleme auf die wesentlichen Dinge konzentrieren, weil sie die Rahmenbedingungen kennen, unter denen sie am effektivsten arbeiten können – und sich diese zu ihrem eigenen Vorteil auch schaffen.

Die Fähigkeit, für sich das richtige Maß zwischen Überlastung und Unterforderung zu finden
Zu viel Ehrgeiz kann auch schädlich sein: Wer sich überschätzt und sich zu viel zumutet, erreicht die gesteckten Ziele trotz Engagement und harter Arbeit nur selten. Es besteht ständig die Gefahr, sich in zu vielen Einzelprojekten zu verlieren. Genauso schädlich kann jedoch auch Unterforderung sein: Dadurch können persönliche Qualitäten nicht zum Einsatz kommen und auf diese Weise verkümmern, möglicherweise werden dann auch Chancen verpasst. Menschen mit Erfolgsintelligenz wissen daher ihre Kapazitäten optimal einzusetzen und auch ihre Zeit zur Leistungssteigerung richtig einzuteilen.

Die Stärke, beim Warten auf Belohnungen geduldig zu sein
Will man Karriere machen und Erfolg haben, muss man sich auf einen langwierigen Prozess einstellen, der den Wunsch nach entsprechender Anerkennung oft lange Zeit unberücksichtigt lässt. Dieser Wunsch nach Anerkennung bringt viele Menschen dazu, sich nur auf Aufgaben einzulassen, die in relativ kurzer Zeit zu realisieren sind. Dann bleiben größere, längerfristig konzipierte Projekte leider unverwirklicht. Personen mit Erfolgsintelligenz nehmen zwar die kleinen Entlohnungen des Lebens wahr, konzentrieren sich jedoch primär auf die Dinge – sei es nun beruflich oder privat –, die ihnen längerfristig die größten Erfolgserlebnisse bereiten.

Die Fähigkeit, zwischen wichtigen und unwichtigen Dingen unterscheiden zu können
Sicher gibt es Situationen, in denen winzige Details immens bedeutsam sein können, wie zum Beispiel beim Bergsteigen, wo die kleinste Unaufmerksamkeit fatale Folgen haben kann. Meist jedoch ist es im Leben wichtiger, die Konzentration auf die Gesamtheit einer Sache zu lenken. Erfolgsintelligente Menschen besitzen die Fähigkeit, zwischen den wichtigen und unwichtigen Dingen im Leben zu differenzieren, und konzentrieren sich auf das, was sie tatsächlich ihren Zielen näher bringt.

Die Stärke, ein vernünftiges Maß an Selbstvertrauen und Glauben an die eigenen Fähigkeiten zu entwickeln
Das menschliche Selbstwertgefühl wird im Alltag nicht selten durch harte Rückschläge stark angeschlagen, Selbstzweifel sind die unausweichlichen Folgen. Diese Zweifel sind durch das Fehlen von Selbstvertrauen oft unverhältnismäßig groß. Aber auch ein Zuviel davon kann schädlich sein: Dies führt dann zu Selbstüberschätzung und zwangsläufig zu Enttäuschungen. Erfolgsintelligente Menschen kennen ihre Qualitäten und glauben an ihre Fähigkeiten, ohne dabei das richtige Maß an Selbstwertgefühl aus den Augen zu verlieren.

Die Fähigkeit, eine ausgewogen analytische, kreative und praxisorientierte Denkweise einzusetzen
Verschiedene Situationen im Leben erfordern unterschiedliche Denkarten zur Bewältigung der Aufgabe: Manchmal ist analytisch geprägtes Denken von Vorteil; ein anderes Mal ist ein kreatives Herangehen notwendig; bei einigen Aspekten ist eine praxisorientierte Handlungsweise das Beste. Menschen mit Erfolgsintelligenz besitzen nicht nur analytische, kreative und praxisorientierte Denkfähigkeiten, sondern sie wissen darüber hinaus, in welcher Situation welche Art des Denkens gefordert ist. Dadurch sind sie in der Lage, Anforderungen besser gerecht zu werden.

Uff, nicht schlecht, diese Liste positiven Vermögens, lauter tolle Eigenschaften, wie man sein sollte und vielleicht doch leider noch nicht so ganz ist ... Geht es Ihnen so wie uns, und Sie entdecken jetzt Defizite an sich? Es war nun überhaupt nicht unsere Absicht, Sie in Selbstzweifel zu stürzen. Wir wollen Ihnen mit dieser und den noch folgenden Aufstellungen ganz gezielt das »Material« an die Hand geben, aus dem Sie sowohl eine überzeugende schriftliche Bewerbung – einen beeindruckenden Werbeprospekt in eigener Sache –, als auch für Ihre persönliche Performance einen inhaltlichen Beitrag entwickeln können, der überzeugt. Denn: Ständig in Bewerbungsschreiben zu lesen, wie zuverlässig, fleißig oder gar bemüht Bewerber sind, ist für die Beurteiler mehr als langweilig und nichts sagend – einfach nicht überzeugend.

Wenn Sie jetzt besser wissen, worauf es Ihren »Kunden« ankommt, haben Sie es bei der Verwendung der richtigen Schlüsselwörter leichter, gut anzukommen. Und auch hier sehen Sie wieder: Diese Liste von 20 ganz entscheidenden Erfolgsmerkmalen lässt sich auf unsere eingangs vorgestellten drei essentiellen Weichensteller – Kompetenz, Leistungsmotivation, Persönlichkeit – reduzieren.

Im Folgenden finden Sie eine Checkliste für ein noch etwas detaillierteres Anforderungsprofil, nicht nur ausschließlich, aber doch besonders für Führungskräfte, unterteilt in die drei wichtigen Weichensteller.

Checkliste: Anforderungsprofile, unterteilt in die drei Weichensteller Persönlichkeit, Leistungsmotivation und Kompetenz

Persönlichkeit	1. Anforderungen an das Interaktionsverhalten

1. Anforderungen an das Interaktionsverhalten
   - Kontaktfähigkeit
   - Kooperationsfähigkeit
   - Verhandlungsgeschick
   - Durchsetzungsfähigkeit
   - Motivationsfähigkeit
   - Kontrollfähigkeit
   - Personalbetreuungs- und -auslesefähigkeiten
   - Informationsbereitschaft

2. Anforderungen an die Selbstständigkeit
   - Zielstrebigkeit
   - Selbstbewusstsein
   - Verantwortungsbewusstsein und -bereitschaft
   - Kritikfähigkeit
   - Zuverlässigkeit

3. Anforderungen an das Entscheidungsverhalten
   - Risikobereitschaft
   - Entscheidungskompetenz

4. Anforderungen an Delegationsbereitschaft und -verhalten
   - Informationsfähigkeit und -bereitschaft

5. Anforderungen an die Belastbarkeit
   - Stresstoleranz
   - Vitalität

6. Anforderungen an die Flexibilität

7. Anforderungen an das Repräsentationsvermögen

Leistungsmotivation

1. Anforderungen an die Zielstrebigkeit
   - Durchhaltevermögen
   - Durchsetzungsvermögen
   - Frustrationstoleranz
   - Erfolgsorientierung
   - Vitalität

2. Anforderungen an die intrinsische Motivation
   - Idealismus
   - Identifikationsbereitschaft mit Unternehmen/ Institutionszielen

3. Anforderungen an die extrinsische Motivierbarkeit
   - gesunder Materialismus

4. Anforderungen an die physische Fitness
   - gesundheitliches Wohlbefinden

5. Anforderungen an die psychische Konstitution
   - weitgehend unneurotische Persönlichkeitsstruktur

6. Anforderungen an die Selbstkontrollfähigkeiten
   - Autonomie
   - Zuverlässigkeit
   - Selbstdisziplin

7. Anforderungen an systematische Arbeitsorganisation
   - Zieldefinitionsfähigkeit
   - Arbeitseffizienz
   - Kosten-/Nutzen-Bewusstsein

(Natürlich gibt es hier Überschneidungen mit den vorher unter »Persönlichkeit« aufgeführten Anforderungsmerkmalen.)

Kompetenz

(Positionsbezogene Kompetenzanforderungen)

1. Bildungsanforderungen
   - Schulbildung
   - berufliche Grundausbildung
   - Fremdsprachenkenntnisse
   - Lern- und Weiterbildungsbereitschaft

2. Berufsspezifische Anforderungen
   - beruflicher Werdegang
   - Berufserfahrung
   - Branchenkenntnisse
   - Produktkenntnisse

3. Aufgabenspezifische Anforderungen
   - Routineresistenz
   - Kreativität
   - Planungs- und Organisationsfähigkeit
   - Koordinationsfähigkeit
   - Problembewusstsein
   - Problemlösungsfähigkeit
   - Ausdrucksfähigkeit (verbal/schriftlich)
   - technisches Verständnis
   - künstlerische Begabung
   - manuelles Geschick

4. Unternehmensspezifische Anforderungen
   - unternehmenspolitische Anforderungen
   - Führungsstil
   - Normsystem/Unternehmenskultur
   - sozial-gesellschaftliche Normen
   - religiöse Normen
   - politische Normen
   - familiäre Normen
   - gesetzliche Normen
   - mitarbeiterorientierte Anforderungen
   - unternehmenszielorientierte Anforderungen

Es ist leicht einzusehen, dass Persönlichkeit, Leistungsmotivation und Kompetenz nicht konsequent isoliert voneinander betrachtet werden können. Denn wenn Sie ein kompetitiver (auf »competition«, also auf Wettbewerb, Rivalität ausgerichteter) Mensch sind, steuert das Ihre Leistungsmotivation und hat Einfluss auf Ihre Persönlichkeit (gekennzeichnet z.B. durch Ehrgeiz bis hin zu Verbissenheit, Egoismus). Trotzdem ist es sehr hilfreich, sich diese drei wichtigen Aspekte zunächst einmal einzeln zu verdeutlichen.

Lernziel: Kommunikationstransfer – Ihre optimale Selbstdarstellung

Nicht ohne Grund tun wir uns schwer, wenn wir uns selbst positiv darstellen sollen, wenn wir aufgefordert sind, von unseren Qualitäten und herausragenden Leistungen zu sprechen. Das Erziehungsmotto »Eigenlob stinkt«, eine uns anerzogene Bescheidenheit und Zurückhaltung, kulminiert jetzt in der Bewerbungssituation häufig in einem mangelnden Selbstwertgefühl, in einem defizitären Gleichgewicht.

Wir alle kennen das Phänomen: Für eine fremde Sache oder andere Personen können wir uns viel besser engagieren, wir können deren Interessen deutlich erfolgreicher vertreten als unsere eigenen Belange. So versagen auch nachweislich erfolgreiche Top-Führungskräfte, wenn es darum geht, die eigenen Qualitäten und Leistungen in der Prüfungssituation Bewerbung auf den Punkt zu bringen und überzeugend darzustellen.

Ein wichtiger Aspekt für Ihre weitere berufliche Zukunft ist also das Erlernen von speziellen Bewerbungstechniken und -strategien, um die eigenen Interessen und Ziele durchzusetzen. Gut verpackt ist jede Ware attraktiver für den potentiellen Käufer. Das gilt insbesondere für die »Ware« Arbeitskraft. Oder mit Goethe: »Nur die Lumpen sind bescheiden – Brave freuen sich der Tat.«

Richtig rüberkommen heißt gut ankommen

Sie haben sich mental auf das Bewerbungsvorhaben gut vorbereitet. »Bewerbungstheoretisch« gesprochen: Sie wissen, wer Sie sind, woher Sie kommen, wohin Sie wollen und was Sie anzubieten haben. Das sind die besten Voraussetzungen, sich der neuen konkreten Aufgabe zu stellen: einen »Verkaufsprospekt in eigener Sache« zu gestalten, sich schriftlich angemessen vor- und darzustellen sowie den persönlichen Auftritt, die Begegnung zunächst mit dem Headhunter, später mit seinem Auftraggeber, dem potentiellen neuen Arbeitgeber, vorzubereiten.

Zur nochmaligen Verdeutlichung: Sich be-werben bedeutet: Werbung für Ihre Person und Ihre Dienstleistung, das heißt für Ihre Arbeitskraft zu machen. Mit der schriftlichen Bewerbung geben Sie eine Art Visitenkarte, eine erste Vorab-Arbeitsprobe, ab und erzeugen damit einen ersten Eindruck bei dem potentiellen Arbeitgeber bzw. seinen Vertretern (Personalchef, Sekretärin etc.). Dass dieser wichtige erste Eindruck positiv ausfällt und Ihnen deshalb zu einer Einladung zu einem ersten Sondierungs- und Kennenlerngespräch verhilft, ist dabei das erklärte Ziel.

Traurig, aber wahr: Selbst erfolgreiche und hoch qualifizierte Berufsvertreter mit einem wirklich bestechenden Bildungshintergrund scheitern oft kläglich, wenn es in einer Bewerbungssituation darum geht, die eigene Person in schriftlicher Form angemessen, aber auch lebendig zu präsentieren. Obwohl fast alle Bewerbungsratgeber die formalen Rahmenbedingungen einer schriftlichen und mündlichen Bewerbung ausführlich benennen, werden immer wieder die gleichen gravierenden Fehler gemacht. Das führt zu dem erschreckenden Ergebnis, dass bereits mit der ersten Kontaktaufnahme im Schnitt von 100 eingegangenen schriftlichen Bewerbungen bis zu 80 quasi sofort aussortiert werden müssen, weil Präsentationsfehler eine intensivere Beschäftigung mit dem Bewerber als von vornherein nicht lohnenswert erscheinen lassen. Da mit dem Headhunter der Erstkontakt in der Regel per Telefon erfolgt, ist für Sie diese Hürde vielleicht nicht ganz so hoch.

Exkurs: Kommunikationsziel, Botschaft, Argumentation

Noch befinden Sie sich in der Vorbereitungsphase. Ihr Hauptziel ist es, einen besonderen Arbeitsplatz zu erobern. Zunächst aber müssen Sie die Personen, die in die Auswahl der Kandidaten involviert sind, von sich überzeugen.

Schön und gut, aber was wollen Sie eigentlich von sich vermitteln, und wie setzen Sie dies erfolgreich um? Haben wir uns die ganze Zeit mit Ihrer Person, Ihren Fähigkeiten und Möglichkeiten beschäftigt, geht es jetzt um den Transfer: Sie wollen einen Gedanken, eine Idee oder Botschaft einer Person näher bringen. Sie möchten eine Entscheidung beeinflussen. Sie soll so fallen, wie Sie es sich wünschen. Wie gehen Sie vor?

Aus der Welt der Werbung, deren Aufgabe darin besteht, Konsumenten ein neues Produkt schmackhaft zu machen, uns zum Kauf dieses oder jenes speziellen Produkts zu animieren, zu verführen, kennen wir eine besondere Vorgehensweise, die – leicht modifiziert – sehr hilfreich sein kann, Ihr schriftliches Bewerbungsvorhaben positiv zu unterstützen.

Drei aufeinander abgestimmte Schritte sind zu beachten:

1. **Kommunikationsziel definieren:**

   Was wollen Sie Ihrem Gegenüber, dem Headhunter, später dem Arbeitgeber und damit verbunden der Personalauswahlkommission kommunizieren? Was ist Ihr Anliegen, Ihr Ziel? Dies ist der fast wichtigste und leider auch schwierigste Baustein, der wohl auch die längste Bearbeitungszeit in Anspruch nehmen wird.

2. **Botschaften formulieren:**

   Wie formulieren Sie aus den sorgfältigen Überlegungen zu Ihrem Kommunikationsziel verständliche, schnell begreifbare und überzeugende Botschaften? Hier kommt es besonders auf Ihre Fähigkeit an, etwas auf den Punkt zu bringen.

3. **Argumente zusammenstellen:**

   Wie untermauern Sie diese sorgfältig ausgewählten und präzise formulierten Botschaften, um deren Glaubwürdigkeit und Überzeugungskraft ebenso zu stärken wie deren Erinnerungsgehalt?

Wir stehen immer noch am Anfang der oben genannten Trias, und das bedeutet, sich zunächst einmal mit der Frage auseinander zu setzen, was Sie Ihrem Gesprächspartner von sich vermitteln wollen. Aufgrund der bisherigen Ausführungen haben Sie vielleicht bereits einige Überlegungen angestellt. Den meisten Bewerbern fällt jedoch zunächst nur spontan ein: Ich will diesen oder jenen Job! Ich bin der Beste, Erfahrenste ...
Dieses Kommunikationsziel haben aber auch alle anderen Mitbewerber. Und allein die Tatsache, dass Sie einen neuen Job haben wollen, ist für die am Auswahlprozess Beteiligten kein zwingender Grund, sich für Ihre Person zu entscheiden. Leider!
Auch die Argumentation, Sie seien nun mal der/die Kompetenteste für bestimmte Aufgaben, ist etwas dünn. Schön und gut, aber was glauben Sie, wie argumentieren Ihre Mitbewerber? Hier wird schnell klar, dass ein Kommunikationsziel wie: Ich bin der/die Beste; ich will diesen Job, geben Sie mir die Chance, für sich allein doch ziemlich schwach ist.

Fazit und Frage: Wie kann man es besser machen?

Zunächst geht es darum, ein Kommunikationsziel zu entwickeln.
Leichter gesagt als getan. Sie haben die Ihnen schon bekannte schwierige Aufgabe, sich genau zu überlegen, was für ein Mensch Sie eigentlich sind, was für besondere Fähigkeiten Sie haben und was Sie damit eigentlich anfangen wollen. Oder in der Abfolge variiert und auf die drei Essentials reduziert: Es geht wieder um Ihre Kompetenz, Leistungsmotivation und Persönlichkeit.
Wenn Sie sich lange genug mit diesen Fragen und Themen, kurzum: mit Ihrem individuellen Angebot, auseinander gesetzt haben und zu wichtigen, zu wirklich substantiellen Ergebnissen gekommen sind, wird es Ihnen leichter fallen, ein Kommunikationsziel bezogen auf den von Ihnen angestrebten neuen Arbeitsplatz zu entwickeln und dieses aufzuschreiben.

Bevor wir uns aber mit der Frage beschäftigen: Wie sage ich es meinem »Kunden«, dem potentiellen Arbeitgeber, geht es doch zunächst um das nicht geringe Problem: Was will ich denn eigentlich vermitteln, und wird dies wirklich für eine positive Entscheidung im Rahmen des Prüfungs- und Auswahlprozesses ausschlaggebend sein?

An dieser Stelle werden von den meisten Bewerbern die entscheidenden Fehler gemacht, die ihre Bewerbungsaktivitäten zum Scheitern verurteilen. Bei dieser für jeden Kandidaten eminent wichtigen Aufgabe sind fundamentale Versäumnisse und Mängel in der Vorbereitung leider an der Tagesordnung.

Dazu folgendes Beispiel: Sollte nach reiflicher Überlegung Ihr definiertes und niedergeschriebenes Kommunikationsziel z.B. so aussehen:

Mein Kommunikationsziel ist es ...

... den Lesern meiner Bewerbungsunterlagen und/oder den Gesprächspartnern, Zuhörern in der persönlichen Begegnung zu vermitteln, dass ich ein Mensch bin, der über außergewöhnliche kommunikative Begabungen verfügt. Darunter ist zu verstehen: Ich bin sehr gut in der Kontaktaufnahme mit anderen, kann mich schnell und gewandt ausdrücken und ohne große Hemmungen eigentlich mit jedem Menschen leicht ins Gespräch komme. Andere vertrauen mir auffällig schnell. Ich wirke auf viele Personen ermutigend und bin bestimmt ein sehr guter und aufmerksamer Zuhörer. Aufgrund dieser Kontakt- und Kommunikationsfähigkeit kann ich ziemlich schnell und sicher gute Abschlüsse erzielen und langfristig selbst schwierige Kunden binden. Trotz meiner Freude an Unterhaltungen und auch an gezielten Gesprächen bin ich jemand, der sehr diskret sein kann und bei dem ein Geheimnis absolut sicher aufgehoben ist. Ich verfolge meine Ziele mit Beharrlichkeit und Konsequenz.

... wäre es jetzt Ihre zweite Aufgabe, aus Ihren Zielvorstellungen klare und schnell zu verstehende Botschaften zu entwickeln. Beispielsweise folgende:

Meine drei wichtigsten Botschaften lauten ...

1. Ich bin ein kommunikativ begabter Mensch, der mit anderen mühelos ins Gespräch kommt, ihr Vertrauen schnell gewinnt und stabile Beziehungen aufbauen und halten kann.
2. Ich bin zielsicher, ergebnisorientiert, souverän und unabhängig.
3. Ich bin zuverlässig, diskret, glaub- und vertrauenswürdig.

Nun fehlt nur noch der dritte Schritt in dieser Vorbereitung, die wohlüberlegten Argumente, die Ihre Botschaften untermauern. Wieso? Nun, von sich zu behaupten, dass man so und so sei, ist schon nicht jedermanns Sache. Tut man es aber, muss man auch die Behauptungen durch Argumente unterfüttern, denn Behauptungen alleine reichen nicht aus. Frei nach Goethe: »Die Botschaft hör ich wohl, allein es fehlt mir doch der Glaube.« Und deshalb ist es jetzt beim dritten Schritt besonders wichtig, diejenigen Argumente zu finden, die Ihre Botschaften glaubwürdig stützen, sozusagen »Fleisch an den Knochen« bringen.

Dazu sollten Sie Folgendes überlegen: Mit welcher Anekdote, durch welche Detailbeschreibungen kann ich meinem Leser/Gesprächspartner verdeutlichen, dass meine Botschaften wirklich glaubwürdig sind? Welche Situationen, Begebenheiten in meinem (Berufs-)Leben zeigen in der Praxis, was meine Botschaften als Kurzformeln transportieren sollen? Wenn Sie hier den richtigen Erzählstoff beisammen haben, stehen Ihre Argumente und unterstreichen die Glaubwürdigkeit Ihrer überlegt ausgewählten Botschaften.

Kommunikationsziel, Botschaften und Argumentation ergeben in einem idealen Dreiklang die Grundlage, auf der sich ein Arbeitgeber für Sie als den richtigen Kandidaten entscheiden kann. Machen Sie es ihm nicht unnötig schwer. Das Treffen von Entscheidungen ist schließlich eine der besonderen Schwierigkeiten, die es in unserem Leben zu bewältigen gilt. Für Sie als Bewerber handelt es sich hier um eine Bringschuld, die Sie in Ihrem eigenen Interesse einlösen sollten, um Ihr berufliches Vorhaben positiv zu fördern.

Dass sich die Anwendung dieser Strategie nicht nur bei der Erstellung Ihrer schriftlichen Bewerbungsunterlagen, sondern auch beim Marketing, Networking, bei einem Stellengesuch, beim Telefonieren, bei Ihrer Initiativbewerbung und beim Vorstellungsgespräch empfiehlt, liegt auf der Hand.

Überblick: Das Auswahlgespräch

Jetzt kennen Sie die wichtigsten Essentials für Ihr Karriere-Vorhaben und können dazu mit Hilfe unserer Hinweise Ihre ganz persönliche Strategie entwickeln. Nach der schriftlichen Bewerbung stehen nun die Auswahlgespräche an. Wie können Sie sich weiter vorbereiten? Mit welchen Fragen müssen Sie spätestens bei der persönlichen Vorstellung im suchenden Unternehmen rechnen? Was wird man persönlich von Ihnen hören und wissen wollen?

Die nachfolgende Übersicht verdeutlicht, welche Stationen in einem Auswahlgespräch im Einzelnen durchlaufen werden. Neben Begrüßung und Verabschiedung können sechs thematische Phasen unterschieden werden:

- Berufliche Kompetenz, Eignung und Leistungsmotivation
- Arbeitskonditionen (Gehalt)
- Aktuelle Arbeitssituation und beruflicher Werdegang
- Informationen für Sie als potentieller Kandidat
- Persönlicher, familiärer und sozialer Hintergrund
- Ihre Fragen

An einem Auswahlgespräch führt kein Weg vorbei. Es beginnt meistens mit einem Telefonat, findet seine Fortsetzung zunächst mit dem beauftragten Personalberater und wird dann im suchenden Unternehmen mit dem Personalchef fortgesetzt und auch hier zu einem Abschluss gebracht.

Wie das Gespräch konkret abläuft, liegt auch in Ihrer Hand: Sie können den Ablauf beeinflussen, ja bestimmen ganz wesentlich den Gesprächsverlauf. Beweis: Wetten, dass ein relativ ausgefallenes Hobby, wie z. B. Fallschirmspringen, das Sie in Ihrem Lebenslauf erwähnt haben, Ihr Gegenüber mit an Sicherheit grenzender Wahrscheinlichkeit veranlasst, mehr darüber von Ihnen erfahren zu wollen?

Auch wenn natürlich nicht jeder Fallschirmspringer ist: Wir möchten Ihnen damit nur klar machen, dass ein Teil der Fragen im Vorstellungsgespräch sich von Ihren Angaben im Anschreiben, Lebenslauf und den Anlagen (z. B. Arbeitszeugnissen) ableiten lässt. Wenn Sie beispielsweise Ihre beiden vorletzten Arbeitgeber jeweils bereits nach einem oder zwei Jahren wieder verlassen haben, wird dies unweigerlich intensiveres Nachfragen provozieren.

Mit anderen Worten: Die Art und Weise, wie Sie antworten, wie glaubwürdig und nachvollziehbar sie sich äußern, hat einen deutlichen Einfluss auf den weiteren Verlauf des Gesprächs.

Abgesehen von der Begrüßungs- und Verabschiedungsphase kann selbstverständlich die Reihenfolge der Themen variieren. Auch müssen nicht gleich beim ersten Vorstellungsgespräch alle Fragen und jedes Detail ausführlich behandelt werden (z.B. Arbeitskonditionen).

Mit an Sicherheit grenzender Wahrscheinlichkeit werden mindestens acht dieser wichtigen Fragen auf Sie zukommen.

1. Erzählen Sie uns etwas über sich.
2. Warum bewerben Sie sich für diese Position?
3. Warum sind Sie für uns der/die richtige Kandidat/in?
4. Was erwarten Sie für sich/von uns/von dem Job?
5. Was sind Ihre Stärken/Schwächen?
6. Was möchten Sie in 3/5/10 Jahren erreicht haben?
7. Warum machen Sie das, was Sie machen (Beruf/Position/Aufgabe)?
8. Wo liegen Ihre Arbeitsschwerpunkte?
9. Was machen Sie, wenn Sie nicht arbeiten?
10. Welche Fragen haben Sie an uns?
11. Welche Gehaltsvorstellung haben Sie?

Diese Fragen werden wir im Anschluss detaillierter besprechen und Ihnen einige Tipps zur Beantwortung geben. Sehr wichtig ist uns hierbei, Sie mit dem eigentlichen Hintergrund dieser Fragen vertraut zu machen, der sich – insbesondere in der Stresssituation Vorstellungsgespräch – nicht auf den ersten Blick erschließt.

So klingt zum Beispiel die aufmunternde Aufforderung: »Erzählen Sie doch mal etwas über sich« wie eine Einladung zum harmlos-lockeren Partygeplauder. In Wirklichkeit steckt dahinter ein komplexer Persönlichkeitstest, ein »Einbruchsversuch« in Ihre Privatsphäre, der Wunsch, Ihre Seelenlandschaft auszuforschen.

Unsere Tipps und Hinweise sind keine Antwortvorgaben oder gar konkrete Formulierungsvorschläge, sondern sollen Chancen und Gefahren einzelner Antwortmöglichkeiten verdeutlichen. Sie können Ihr Bemühen nicht ersetzen, zu jeder Frage jeweils Ihre ganz persönliche Antwortstrategie zu entwickeln.

Für die in unseren Spezialbüchern gesammelten rund 300 entscheidenden Fragen (es gibt etwa 50 sehr wichtige, der Rest wird weniger häufig bis selten gestellt) gilt: Nicht alle können Ihnen in einem ersten Gespräch gestellt werden. Rechnen Sie mit einer Auswahl von etwa 10 bis 20 Fragen. Sie wissen aber nach dem Studium unseres Fragenkatalogs, was auf Sie zukommen kann und können sich entsprechend vorbereiten. Böse Überraschungen können Sie auf diese Art ausschließen und Angst und Aufregung wirksam reduzieren.

Machen Sie sich auch im Vorstellungsgespräch stets von neuem klar, was die beiden Königsfragen in jedem Vorstellungsgespräch sind:

1. Wie funktionieren Sie?
2. Was können Sie für uns tun?

Die alles entscheidende Frage, die sich auch hinter diesen beiden Königsfragen verbirgt, ist der Wunsch, Sie kennen zu lernen, wissen zu wollen:

Wer sind Sie?

Diese, wenn auch nie klar und deutlich ausgesprochene Frage, interessiert Ihr Gegenüber, den Entscheidungsträger, über alle Maßen. Sie dient beim

Beurteilungs- und Entscheidungsprozess dazu herauszufinden, ob man Sie will oder nicht, ob Sie zum Unternehmen passen oder eben nicht.
Eigentlich verständlich. Sie würden wohl in der Position Ihres Gegenübers sich ganz genauso verhalten und haben als Bewerber, und damit Ihren ganz persönlichen Karrierewünschen verpflichtet, sich ebenfalls ein Urteil zu bilden – über das Unternehmen.

Fragenrepertoire und Hintergründe – auf den Punkt gebracht

1. Erzählen Sie uns etwas über sich.

Worum es geht
Achtung! Ein umfassender Persönlichkeits-Check-up, der mit nur einer Frage auskommt. Ein auf den ersten Blick (und unvorbereitet) wirklich schwer zu durchschauender Versuch, Ihre Persönlichkeit zu durchleuchten. Eigentlicher Hintergrund ist die zentrale Frage (auch während des ganzen Gesprächs): Passt der Bewerber in unser Unternehmen?

Tipps
Einerseits haben Sie es hier quasi mit einem »Einbruchsversuch« in Ihre Privatsphäre zu tun, andererseits aber auch die einmalige Chance, Ihre Botschaft exzellent anzubringen. Es liegt an Ihnen, sich auf Derartiges gut vorzubereiten. Wichtig: Beginnen Sie bei so genannten offenen Fragen wie dieser immer erst damit, die berufliche Ebene anzusprechen und später – wenn überhaupt notwendig – die private.

Frage-Varianten
- Erzählen Sie uns Ihren Werdegang/Lebenslauf.
- Was sollten wir unbedingt über Sie wissen?
- Was steht nicht in Ihren Unterlagen, ist aber von Wichtigkeit für uns?

2. Was erhoffen (erhofften) Sie sich bei einem Wechsel (bei Ihrem letzten Wechsel)?

Worum es geht
Diese Frage dient der Überprüfung Ihrer Motivation, Ihres Interesses an der zu besetzenden Position. Wie fundiert ist Ihr Engagement, was bewegt Sie wirklich, wie überzeugend sind Sie? Aus welcher Situation heraus interessieren Sie sich für eine neue Aufgabe? Ist dieser Arbeitsplatz (das Unternehmen/die Aufgabe) erste Wahl oder nur eine Kompromisslösung?

Tipps
Auf diese Standardfrage müssen Sie wirklich gut vorbereitet ==sein und wenigstens fünf Minuten flüssig sprechen können==. Es handelt sich hierbei wirklich um eine der wichtigsten und entscheidendsten Fragen im ganzen Gespräch (und zwar unabhängig von Branche, Position, Einkommen).
Bei der Beantwortung darf der Unterhaltungs- und Spannungswert auf keinen Fall zu kurz kommen – was Sie übrigens ganz generell im Vorstellungsgespräch berücksichtigen sollten. Also: Bloß nicht langweilen!

Frage-Varianten
- Wie ist es eigentlich zu Ihren Wechselabsichten als ... bei unserem Unternehmen/unserer Institution gekommen?
- Was reizt Sie an dieser Aufgabe/Position?
- Warum wollen Sie gerade bei uns, in unserem Unternehmen/unserer Institution arbeiten?
- Auch: Wie gut kennen Sie unsere Produkte/Dienstleistungen etc.?

3. Warum sind Sie für uns der/die richtige Kandidat/in?

Worum es geht
Ein Test zur Selbsteinschätzung und Selbstdarstellung. Wie präsentieren Sie sich? Was sind Ihre Argumente und wie überzeugend wirken Sie?

Tipps
Eine wohl überlegte Darlegung ist jetzt gefordert, die Ihre »Verkaufsargumente« in eigener Sache gut auf den Punkt bringt. Glücklich, wer darauf vorbereitet ist. Sie haben das »Material«, mit dem Sie sich Ihre Präsentation »zimmern« können, eben lesen und reflektieren können.

Frage-Varianten
- Warum sollten wir gerade Sie einstellen, uns für Sie entscheiden?
- Können Sie uns noch einmal verdeutlichen: Was spricht für und was gegen Sie als unser Kandidat?

4. Was erwarten Sie für sich/von uns/von dem Job?

Worum es geht
Hintergrund ist die Überprüfung Ihrer Motivation. Wie gut sind Sie vorbereitet, wie realistisch sind Ihre Einschätzungen?

Tipps
Sie müssen überzeugend argumentieren, Geduld zeigen, variantenreich darstellen und sich nicht in Widersprüche oder simple Wiederholungen verstricken. Sind die von Ihnen angeführten Bewerbungsgründe nachvollziehbar? Machen Sie deutlich, dass Sie sich auf die beruflichen Aufgaben und diesen konkreten potentiellen Arbeitgeber gut vorbereitet haben. Gern gehört sind hier Stichworte wie »Zukunftschancen« und »Image der Firma« – aber vermeiden Sie zu plump klingende Schmeicheleien.

Frage-Varianten
- Was reizt Sie an der neuen Aufgabe?
- Was erhoffen Sie sich?

5. Was sind Ihre Stärken/Schwächen?

Worum es geht
Wie stellen Sie sich dar? Wie glaubwürdig wirken Sie dabei? Lassen sich vielleicht ungeahnte Schwächen entdecken?

Tipps
Sie sollten mit Gelassenheit sowohl die positiven als auch einige harmlose negative Aspekte Ihrer Persönlichkeit darstellen und vertreten (die berufliche Seite zuerst; vielleicht geht der Interviewer schon zur nächsten Frage über, bevor Sie zur Darstellung von natürlich unverfänglichen Schwächen und Misserfolgen im privaten Bereich kommen).
Überlegen Sie sich genau, welche Offenheit Sie sich bei der Darstellung von Schwächen und Misserfolgen leisten können. Und vergessen Sie nie: Sie befinden sich weder auf der Couch eines Psychoanalytikers noch beim Pfarrer im Beichtstuhl!

Frage-Varianten
- Was ist Ihr größter Erfolg/Misserfolg (beruflich/privat)?
- Was war bisher in Ihrem Leben Ihr schlimmstes/schönstes Erlebnis/Ihre schlimmste Niederlage/Ihr schönster Triumph?
- Worauf sind Sie stolz/worüber eher beschämt?

6. Was möchten Sie in 3/5/10 Jahren erreicht haben?

Worum es geht
Man möchte etwas wissen über Ihre Leistungsbereitschaft und Motivation, über »Biss«, »Drive«, »visionäre Begabung« – oder schlicht über Ihre Zukunftsplanung.

Tipps
Sprechen Sie zunächst ausschließlich über Ihre beruflichen Perspektiven. Als leistungsmotivierter Mitarbeiter sind Sie zuversichtlich, was Ihren beruflichen Werdegang anbetrifft. Aber: Exponieren Sie sich nicht

zu sehr, damit keine Konkurrenzangst entsteht und man glaubt, Sie würden gleich die Säge am Stuhl Ihres Chefs/Vorgesetzten ansetzen ...

Frage-Varianten
- Wie sehen Sie Ihre Zukunft?
- Was sind Ihre Ziele?

7. Warum machen Sie das, was Sie machen (Beruf/Position/Aufgabe)?

Worum es geht
Herrscht bei Ihnen Planung oder Zufall? Ist ein roter Faden bei Ihren Motiven für die Berufs- und Arbeitsplatzwahl und einen eventuell vollzogenen bzw. jetzt angestrebten Positionswechsel erkennbar?

Tipps
Was Sie in Ihren Bewerbungsunterlagen kunstvoll zu Papier gebracht haben, müssen Sie jetzt überzeugend und gegebenenfalls auch ausführlich darstellen und begründen können. Wichtig ist dabei die Präsentation eines logischen Zusammenhanges zwischen einzelnen beruflichen Stationen. Mit dem Hinweis »Aber das steht doch bereits alles schon in meinen Unterlagen!« machen Sie Minuspunkte. Verstehen Sie die Frage als Aufforderung und damit als Chance für Ihre Werbebotschaft.

Frage-Varianten
- Wie verlief Ihr bisheriger Berufsweg?
- Aus welchen Gründen haben Sie sich für den Beruf/die Branche/die Arbeitsplätze X, Y und Z entschieden?
- Und warum jetzt für diese neue Position in unserem Haus?

8. Wo liegen aktuell Ihre Arbeits-/Leistungsschwerpunkte?

Worum es geht
Wie kompetent und übersichtlich strukturiert können Sie Ihr Arbeitsgebiet und Ihre Arbeitsleistung darstellen? Auch die Art und Weise Ihres »Vortrags« wird an dieser Stelle mitbewertet.

Tipps
Ohne präzise Vorbereitung wird man diese Frage kaum erfolgreich beantworten. Einerseits geht es darum, nicht blass-nichtssagend an der Oberfläche zu bleiben, andererseits darf man sich nicht in unwichtig-nebensächlichen Details verlieren oder gar in Problematisches verstricken. Eine schwierige Gratwanderung, bei der es einen Mittelweg zwischen dem Ausplaudern von Firmeninterna und dem Vermeiden von Allgemeinplätzen einzuhalten gilt.

Frage-Varianten
- Was machen Sie aktuell?
- Was für Probleme müssen Sie arbeits-/organisationstechnisch bewältigen?
- Auf welchem Sektor lag Ihr Ausbildungs-/Studienschwerpunkt?

9. Was machen Sie, wenn Sie nicht arbeiten/in Ihrer Freizeit?

Worum es geht
Hintergrund ist das Kennenlernen der »ganzen Person«, Ihres Interessenspektrums, von Besonderheiten, Hobbys, kulturellen Aktivitäten und Neigungen (z. B. Lesen – Kant oder Konsalik?). Aber auch soziales und/oder ehrenamtliches Engagement ist von Interesse, wie auch politische, gewerkschaftliche oder kirchliche Ämter. Denken Sie auch an Ihre körperliche Fitness (Tennis oder Tischtennis?).

Tipps
Die Beantwortung sollten Sie nicht dem Zufall überlassen. Die Antwort »Polospielen« macht einen anderen Eindruck als die Beschäftigung mit Briefmarken. (Vorsicht beim Bluffen – auf detaillierte Nachfragen vorbereitet sein!) Sehr viel Sport ist leider wegen der begrenzten Freizeit nicht möglich, aber zu Ihrem Körper haben Sie natürlich ein gesundes Verhältnis. Vorsicht bei Risikosportarten wie z. B. Drachenfliegen.

Frage-Varianten:
- Wir wollen Sie als Mensch kennen lernen. Was machen Sie neben Ihrer Berufstätigkeit?
- Welche Interessen, welche Hobbys haben Sie?
- Welche Sportarten betreiben Sie?

10. Welche Fragen haben Sie an uns?

Worum es geht
In jedem Vorstellungsgespräch gibt es einen programmierten Rollenwechsel, in der Art, dass Sie als Bewerber nun Fragen stellen dürfen, die Ihr Gesprächspartner beantworten wird. An den klugen Fragen erkennt man »einen klugen Kopf«, einen motivierten und kompetenten Bewerber. Was Sie jetzt wissen wollen, wird hinterfragt, auf Sinngehalt und aktives Interesse hin überprüft.

Tipps
Sollten Sie mit Themen auffallen, die Sie eigentlich im Vorfeld hätten klären können oder durch aufmerksames Zuhören an einer anderen Stelle des Gesprächs längst hätten »speichern« müssen, erzielen Sie einen negativen Effekt. Machen Sie deutlich, dass Sie sich vorbereitet haben.

Frage-Varianten
- Was möchten Sie von/über uns wissen?

11. Welche Gehaltsvorstellung haben Sie?

Worum es geht
Das alte Spiel: Der Preis ist heiß. Zahlemann & Söhne.

Tipps
Können Sie den Wert Ihrer Arbeitsleistung angemessen einschätzen? In welchem Verhältnis steht Ihre Forderung zu Ihren jetzigen Bezügen? (Gehaltschecks finden Sie im Internet, unter anderem auch bei *berufsstrategie.de*.)

Frage-Alternativen
Wie hoch sind Ihre aktuellen Bezüge?

Arbeitshinweise

Die wichtigsten Fragen kennen Sie jetzt bereits. Da im Durchschnitt ein Vorstellungsgespräch auf eine bis anderthalb Stunden begrenzt ist (Führungskräfte müssen schon mit zwei und mehr Stunden rechnen, für einfachere Jobs reicht manchmal auch eine halbe bis dreiviertel Stunde) ist die Anzahl der Ihnen gestellten Fragen je nach Temperament des Fragestellers auf etwa zehn bis maximal etwa 25 bis 30 begrenzt.

Hier noch eine kleine Auswahl von potentiellen Fragen an Führungskräfte:

- Was bedeutet Mitarbeiterführung?
- Wie definieren Sie die Hauptaufgaben einer Führungskraft?
- Welchen Führungsstil bevorzugen Sie?
- Was schätzen Sie: Wie lange brauchen Sie zur Einarbeitung in Ihr neues Arbeitsgebiet bei uns?
- Auf welchem Gebiet haben Sie noch größere Defizite, und was gedenken Sie dagegen zu tun?
- Was sind Ihre ganz persönlichen Lebensziele?

- Was möchten Sie persönlich für sich in naher/ferner Zukunft erreichen?
- Zurück in die Gegenwart: Welche Eigenschaften sollte Ihr potentieller Nachfolger für Ihren alten Arbeitsplatz haben?
- Ganz allgemein: Welche Eigenschaften sollte Ihr Stellvertreter haben?
- Was zeichnet Ihrer Meinung nach eine gute Führungskraft aus?
- Was einen guten Vorgesetzten?
- Was einen guten Mitarbeiter?
- Was schätzen Sie an Ihren Arbeitskollegen/Vorgesetzten – was nicht?
- Worin unterscheiden Sie sich Ihrer Meinung nach von Ihrem jetzigen Vorgesetzten?
- Wie bereiten Sie Ihre Mitarbeiter auf die Übernahme von mehr Verantwortung vor?
- Wie sind Sie selbst darauf vorbereitet worden?

Ihr Recht auf Lüge

So wie der Gesetzgeber den Begriff Notwehr kennt, existiert für das Bundesarbeitsgericht der Sachverhalt der Notlüge. Darunter ist zu verstehen, dass bestimmte Fragen im Vorstellungsgespräch, z. B. nach der Zugehörigkeit zu einer politischen Partei, nicht wahrheitsgemäß beantwortet werden müssen, wenn der Bewerber davon ausgehen muss, dass von einer bestimmten Antworttendenz die Vergabe des Arbeitsplatzes abhängen könnte.
Bestimmte Fragen und Themen dürfen im Bewerbungsverfahren gar nicht erst behandelt werden. Es sind nur solche Fragen erlaubt, die »arbeitsbezogen« sind, das heißt die mit dem zu besetzenden Arbeitsplatz in direktem Zusammenhang stehen.
Unzulässig ist die Ausforschung der politischen Meinung ebenso wie Fragen nach (auch früherem!) gewerkschaftlichem Engagement oder Privatplänen in puncto Heiraten, Familienplanung, Freizeitgestaltung und Hobbys. Frühere Krankheiten und die Frage nach einer Schwangerschaft sollten genauso tabu sein wie die Frage nach den Berufen von Lebenspartnern

(oder anderen Personen, z. B. Eltern, Geschwistern) sowie nach den privaten Vermögensverhältnissen (eventuell Schulden).

Verboten sind außerdem Fragen nach Vorstrafen, soweit ganz allgemein gefragt wird, also nicht nur nach solchen Vorstrafen, die »einschlägig« sind. Unzulässig ist dann konsequenterweise auch das Verlangen, ein polizeiliches Führungszeugnis vorzulegen, nicht statthaft sind schließlich Fragen nach laufenden Ermittlungsverfahren.

Unzulässig ist auch die Frage nach der früheren Arbeitsvergütung (sie dient ja unter anderem dazu, eventuelle Lohnansprüche des Bewerbers zu dämpfen); zulässig ist diese Frage jedoch dann, wenn sich daraus für die konkret in Aussicht genommene Tätigkeit Folgerungen ziehen lassen, z. B. wenn die Höhe der Vergütung Rückschlüsse auf die mit der früheren Tätigkeit verbundene Verantwortung ermöglicht und die in Aussicht genommene Position ebenfalls besonders verantwortliche Aufgaben mit sich bringt.

Beantwortet der Bewerber eine unzulässige Frage falsch, so hat dies für die Wirksamkeit des Arbeitsvertrages keinerlei nachteilige Folgen. Dies ist zwangsläufig die Konsequenz des eingeschränkten Fragerechts des Arbeitgebers. Denn das bloße Recht, die Antwort zu verweigern, würde dem Bewerber nichts nützen; hier wäre keine Antwort eben auch eine Antwort. Lassen sich Tatsachen, die der Bewerber nicht anzugeben braucht, aus dem Lebenslauf erschließen, so darf der Bewerber den Lebenslauf insoweit »normalisieren«.[53]

In üblichen Vorstellungsgesprächen ist es aber leider so, dass nahezu jeder Personalverantwortliche unzulässige Fragen an die Bewerber stellt. Wohnsituation, Privatbeziehungen, Heiratsabsichten, Familienplanung, Gesundheitszustand, frühere Erkrankungen: Durch seinen Eingriff in die per Grundgesetz geschützte Privatsphäre des Arbeitsuchenden löst er bei diesem einen nicht zu unterschätzenden Gewissenskonflikt aus, dem mit dem Notwehrrecht auf Lüge Rechnung getragen wird.

Bei aller notwendigen Anpassungsleistung im Auswahlgespräch: Vergessen Sie bitte nie: Wir sind nicht auf der Welt, um so zu sein, wie andere uns haben wollen.

WAS SIE NOCH WISSEN SOLLTEN

In diesem Buch lasen Sie immer wieder Hinweise auf weiterführende und vertiefende Titel aus der Reihe der HESSE/SCHRADER-Ratgeber zum Themenkomplex Bewerbung.

Das Autorenteam HESSE/SCHRADER ist seit über 15 Jahren auf dem Sektor der Bewerbungsratgeber sowie zu weiteren Themen aus der Arbeitswelt publizistisch tätig und hat im Laufe dieser Zeit mehr als 80 Bücher veröffentlicht. Viele davon liegen auch als Taschenbuchausgabe vor. Am Anfang stand die erstmalige Veröffentlichung aller gängigen so genannten Intelligenztests und deren kritische Reflexion in dem Buch *Testtraining für Ausbildungsplatzsuchende* (1985). Ebenfalls Neuland zum Bereich »Überleben in der Arbeitswelt« erschloss ihr Buch *Die Neurosen der Chefs – die seelischen Kosten der Karriere* (jetzt wieder in überarbeiteter Fassung bei Eichborn erhältlich).

Beide Autoren verfügen über eine langjährige Erfahrung als Seminarleiter bei Test- und Bewerbungstrainings. Ein besonderes Interesse gilt der gewerkschaftlichen Bildungsarbeit in Form von Anti-Mobbing- und Konfliktmanagement-Seminaren. 1992 gründeten sie in Berlin das *Büro für Berufsstrategie*, das Arbeitnehmer in allen erdenklichen beruflichen Fragen berät und unterstützt.

ANMERKUNGEN

1. Kaevan Gazdar: *Köpfe jagen. Mythos und Realität der Personalberatung.* Wiesbaden 1992, S. 25
2. Diese Unterscheidung folgt einem Vorschlag der Headhunter Silke Strauß und Reinald Krumpa: *Karrierestrategie: Headhunter. Wie Sie die Profis erfolgreich nutzen.* Niedernhausen 2001, S.9 f.
3. Ebenda, S. 9
4. Kaevan Gazdar, a. a. O., S.43
5. Kaevan Gazdar, a. a. O., S.36
6. Kaevan Gazdar, a. a. O., S.109
7. Kaevan Gazdar, a. a. O., S.165
8. Kaevan Gazdar, a. a. O., S.164 f.
9. Vgl. Michael Leitl, Holger Rust und Claus G. Schmalholz: »Ohne frische Talente sehen Sie ziemlich alt aus.« In: *manager magazin* 10/2001, S. 263-285, Kostenaufstellung S. 280
10. Vgl. dpa: »Harter Wettbewerb um Spitzenkräfte«. In: *Süddeutsche Zeitung*, vom 27.12.2001
11. Interview mit Dieter E. Neumaier: »Ein frankophoner Kosmopolit.« In: Kaevan Gazdar, a. a. O., S.116
12. Vgl. Kaevan Gazdar, a. a. O., S.172
13. Vgl. Rainer Steppan: »Jagdsaison wieder eröffnet.« In: *manager magazin* vom 26.07.2001
14. Vgl. Rainer Steppan: »Kein Freibrief für Headhunter.« In: *Personalwirtschaft* 11/2001, S. 28-32; dpa: »Streit um Suchstrategie der Headhunter.« In: *Handelsblatt* vom 17.07.2001
15. Bundesverband Deutscher Unternehmensberater BDU e.V.: *Personalberatung in Deutschland 2000*, Bonn 2001, S. 3

16 »Headhunter drehen derzeit nur Däumchen«, in: *Welt am Sonntag* vom 28.10.2001. Vgl. auch: Bundesverband Deutscher Unternehmensberater BDU e.V.: *Personalberatung in Deutschland 2000*, Bonn 2001, S. 10
17 Vgl. BDU: *Personalberater in Deutschland 2000*, S. 10
18 Ebenda, S. 22, Stand: 2000
19 »Voraussetzungen für die Aufnahme von Mitgliedern, § 1«. In: VDESB: *Grundsätze, Leistungen, Methodik*.
20 VDESB: *Grundsätze, Leistungen, Methodik*. Unter: www.vdesb.de. Mehr Details über die Berufsgrundsätze des BDU unter www.bdu.de
21 Kaevan Gazdar, a. a. O., S.31.
22 Alle Angaben aus BDU: *Personalberater in Deutschland 2000*, S. 9 und BDU: *Personalberater in Deutschland 1999*, S. 10
23 Adecco Personalvermittlung vom 14. Januar 2002
24 Vgl. BDU: *Personalberater in Deutschland 2000*, S. 14
25 Peter Derschka: »Honig und Balsam – Über die sozialen Funktionen von Headhuntern«. In: Kaevan Gazdar, a. a. O., S.159-162, hier S.160
26 Vgl. Bundesverband Deutscher Unternehmensberater BDU e.V.: *Personalberatung in Deutschland 2000*, Bonn 2001, S. 4
27 »Kampf um Talente oder Kampf der Talente«. Eine EMDS-Kurzumfrage unter 653 High Potentials. EMDS Consulting GmbH, Köln, 11/2001. Gefragt wurden »ECPs« – so bezeichnet das Unternehmen »Early Career Professionals«. Die EMDS firmiert jetzt unter HR Gardens, ebenfalls Köln.
28 Vgl. Bundesverband Deutscher Unternehmensberater BDU e.V.: *Personalberatung in Deutschland 2000*, Bonn 2001, S. 17
29 Ebenda, S. 17
30 Vgl. Anne Jacoby: »Agenten für Talente«. In *F.A.Z. Hochschulanzeiger*, Mai 2001, S. 26
31 Ebenda, S. 5
32 Vgl. Anette Sydow: »Abschied von der Arroganz. Fachkräftemangel beschert Deutschlands Personalberatern eine neue Zielgruppe.« In: *Süddeutsche Zeitung* vom 6.2.2002

33 Vgl. Bundesverband Deutscher Unternehmensberater BDU e.V., a. a. O., S. 8
34 Vgl. Thomas Sattelberger: »Karrieren im Wandel.« In: Thomas Sattelberger (Hrsg.): *Handbuch der Personalberatung: Realität und Mythos einer Profession.* München, 1999. S. 25
35 vgl. Christian Ramthun: »Dickes Ende. Rotes Kreuz, Caritas und Co. stecken in der Krise.« In: *Wirtschaftswoche* vom 14.6.2001, S. 32-35
36 Vgl. auch: Rolf Dahlems, Klaus Leciejewski: *Mit Headhuntern Karriere machen.* Regensburg, Düsseldorf 1998, S. 148
37 Vgl. Jürgen H. Wintermann: »Gerade in der Krise haben Topmanager Hochkonjunktur.« In: *Die Welt* vom 5.9.2001
38 Alle Zitate in diesem Abschnitt vgl.: Anne Jacoby: »Das Ende der Jobbörsen«. In *F.A.Z. Hochschulanzeiger,* Oktober 2001, S. 98-99
39 Vgl. Bundesverband Deutscher Unternehmensberater BDU e. V., a. a. O., S. 13
40 Die hier verwendete Systematik folgt im Wesentlichen Axel Hampe: »Ein geregelter Ablauf.« In: Kaevan Gazdar, a. a. O., S. 63-69
Weitere interessante Einblicke bieten Eckhard Neudeck und Dörte Pranzas in ihrem Buch *Research – Direktansprache in der Personalberatung.* Ratingen, Sadler 1995. Beide Autoren verfügen über langjährige Erfahrung als Researcher.
41 »Der König der Kopfjäger«. Interview mit Dieter Rickert. In: Kaevan Gazdar, a. a. O., S.108-110, hier S. 110
4 Peter Derschka: »Honig und Balsam – Über die sozialen Funktionen von Headhuntern.« In: Kaevan Gazdar, a. a. O., S.159-162, hier S.162
43 Smooch S. Reynolds: *Be hunted! 12 secrets to getting on the headhunter's radar screen.* New York et al. 2001. »Chapter 6: The Importance of Etiquette in Your Relationship with a Recruiter.« S. 103-124
44 Vgl. Fredmund Malik: *Führen, Leisten, Leben.* München 2001, S.312

[45] Die Zitate in den folgenden beiden Portraits stammen aus Interviews, die extra für dieses Buch geführt wurden. Die Tonbandprotokolle liegen den Autoren vor.

[46] Rüdiger Hossiep et al.: *Persönlichkeitstests im Personalmanagement.* Göttingen 2000, S. XVII

[47] Howard Gardner: *Abschied vom IQ. Die Rahmen-Theorie der vielfachen Intelligenzen.* Stuttgart 1991 S. 75ff.

[49] Daniel Goleman: *Emotionale Intelligenz.* München 1996.

[51] Robert J. Sternberg: *Erfolgsintelligenz, warum wir mehr brauchen als EQ und IQ.* München 1998 S. 275 ff.

[52] Vgl. ebenda

[53] E. Stevens-Bartol, *Bewerbung, Einstellung, Vertragsschluß.* München 1990, S. 18 f.

SERVICETEIL: ADRESSEN AUSGE-WÄHLTER PERSONALBERATUNGS-UNTERNEHMEN (»HEADHUNTER«), BERUFSVERBÄNDE UND ZEITARBEITSFIRMEN

Wir empfehlen Ihnen zunächst einen Besuch im Internet sowie die lokalen Seiten Ihres Branchentelefonbuches. Die hier aufgelisteten Personalberatungsfirmen bedienen alle Branchen.

Berufsverbände und Infoseiten

Bundesverband Deutscher Unternehmensberater
www.bdu.de

Vereinigung Deutscher Executiv-Search-Berater
www.vdesb.de

Personalberater-Plattform in Österreich
www.jobnews.at

Verband der Personaldienstleister der Schweiz
www.vpds.ch

Info und Suchplattform
www.consultants.de

Büro für Berufsstrategie
www.berufsstrategie.de

Personalberatungsunternehmen

Baumann Unternehmensberatung AG
Hanauer Landstr. 220
60314 Frankfurt am Main
T 069 / 405 921
www.baumannunternehmensberatung.de

Boyden International GmbH
Büro Frankfurt – Bad Homburg
Ferdinandstr. 6
61348 Bad Homburg
T 06172 / 1802 00
www.boyden.de
(auch vertreten in Berlin, Düsseldorf)

CIVITAS International Management Consultants GmbH
Possartstr. 12
81679 München
T 089 / 38 38 59 0
www.civitas.com
(auch vertreten in Hamburg, Königstein)

Deininger Unternehmensberatung GmbH
Hamburger Allee 2-10
60486 Frankfurt am Main
T 069 / 792 04 0
www.deininger.de
(auch vertreten in Berlin, München)

Dieter Strametz & Partner GmbH
Villa im Park
65835 Liederbach
T 06933 / 994 0
www.dspartner.de
(Niederlassungen auch in Dortmund, Hamburg, München)

Heidrick & Struggles, Mülder & Partner
Kurfürstendamm 102
10711 Berlin
T 030 / 890 616
www.h-s.com

Dr. Heimeier & Partner GmbH
Albstadtweg 4
70567 Stuttgart
T 0711 / 780 76 0
www.heimeier.de
(auch vertreten in Berlin, Düsseldorf, Frankfurt am Main, Hamburg, München)

ifp Institut für Personal- und Unternehmensberatung – Will und Partner GbR
Domkloster 2
50667 Köln
T 0221 / 20 506 0
www.ifp-online.de

IIC Partners Executive Search Worldwide
Kaiser-Wilhelm-Ring 43a
40545 Düsseldorf
T 0211 / 954 98 0
www.iic-partners.de
(Niederlassungen auch in Hamburg, Frankfurt am Main, Bad Homburg, München)

Kienbaum und Partner GmbH (Zentrale)
Ahlefelderstr. 47
51645 Gummersbach
T 02261 / 703 0
www.kienbaum.de
(sind vertreten in Berlin, Dresden, Düsseldorf, Frankfurt am Main, Hamburg, Hannover)

Korn/Ferry Hofmann Herbold International GmbH
Altkönigstr. 8
61462 Königstein
T 06174 / 2905 0
www.kfselection.com

Mercuri Urval GmbH
Unter den Eichen 5
65195 Wiesbaden
T 0611 / 23 84 0
www.mercuriurval.de
(auch vertreten in Berlin, Dresden, Hamburg, Meerbusch, München, Stuttgart)

Dr. Mummert & Partner
Malkastenstr. 17
40211 Düsseldorf
T 0211 / 173 994 0
www.drmummert.de
(Niederlassungen auch in Frankfurt am Main, Grünwald)

H. Neumann International GmbH
Caecilienallee 59
40474 Düsseldorf
T 0211 / 45 48 90
www.neumann-inter.com
(Niederlassung auch in Frankfurt)

Pape Consulting Group AG
Lärchenstr. 24
82152 Krailling
T 089 / 89 89 93 60 70
www.pape.de
(auch vertreten in Hamburg, Frankfurt am Main, Stuttgart)

Ray & Berndtson Unternehmensberatung GmbH
Olof-Palme-Str. 15
60393 Frankfurt am Main
T 069 / 95777 01
www.ray-berndtson.de

Roland Berger & Partner GmbH
Arabellastr. 33
81925 München
T 089 / 92 30 0
www.roland-berger.com
(auch vertreten in Berlin, Düsseldorf, Frankfurt am Main, Hamburg, Frankfurt, Stuttgart)

Russell Reynolds Associates, Inc
Messe Turm
60308 Frankfurt am Main
T 069 / 756 090 0
www.russellreynolds.com
(auch vertreten in Hamburg, München)

SCS Personalberatung GmbH
Poststr. 18
20354 Hamburg
T 040 / 357 63 10
www.scs-personalberatung.de
(Niederlassungen auch in Berlin, Düsseldorf, Frankfurt am Main, Stuttgart, München)

Signium International – Ward Howell
Königsallee 58 A
40212 Düsseldorf
T 0211 / 86 40 80
www.signium.de
(auch vertreten in München)

Spencer Stuart & Associates GmbH
Schaumainkai 69
60596 Frankfur am Main
T 069 / 610 927 0
www.Spencerstuart.com
(auch vertreten in Düsseldorf, Stuttgart, München)

Steinbach & Partner GmbH
Tübinger Str. 7
70178 Stuttgart
T 0711 / 24 84 78 0
www.steinbach-partner.de
(auch vertreten in Berlin, Bonn, Düsseldorf, Frankfurt am Main, Hamburg, Karlsruhe, Kassel, München, Nürnberg, Ravensburg, Würzburg)

tmp.Baumgartner
Kurfürstendamm 59
10707 Berlin
T 030 / 327784
www.baumgartner.de
(Vertretungen auch in Düsseldorf, Frankfurt am Main, Hamburg, Leipzig, München, Sindelfingen)

Transearch Cetra Consulting GmbH
Theodor-Heuss-Allee 108
60486 Frankfurt am Main
T 069 / 95 50 14 0
www.transearch.cetra.de
(auch vertreten in München, Stuttgart)

Egon Zehnder International GmbH
Kurfürstendamm 72
10709 Berlin
T 030 / 327 955 0
www.zehnder.com
(auch vertreten in Düsseldorf, Frankfurt am Main, Hamburg, München)

Zeitarbeitsfirmen

Adecco
Flemingstr. 20-22
36030 Fulda
www.adecco.de
T 01802 / 90 09 00
(über 200 Niederlassungen, Verzeichnis erhältlich über *bewerbung@adecco.de*)

Amadeus
Stresemannallee 30
60596 Frankfurt am Main
www.amadeusag.de
T 0800 / 026 23 38
(etwa 40 Niederlassungen, Verzeichnis erhältlich über die Website)

DIS
Ziegelstr. 8
63065 Offenbach
www.dis-ag.de
T 06982 / 00 33 0
(circa 180 Niederlassungen)

Randstad
Gustav Heinemann Ufer 68
50968 Köln
www.randstad.de
T 0221 / 76 94 0
(über 250 Niederlassungen)

Vedior
Wandalenweg 30
20097 Hambug
www.vedior.de
T 040 37 47 87 0
(etwa 20 Niederlassungen)

Schauen Sie sich auch unter den Mitgliedern des Bundesverbandes Zeitarbeit um: *www.bza.de*.

Fossösen: S. 42
Dummies: S. 54
Sites: S. 65
Frage: S. 74
Werte: S. 86
Einstieg: S. 120
Kommunikationsmodell, Botschaft S. 148 & Aspekte
Frage in B-Gespräch S. 151 ff